MÉMOIRE

SUR LE

PROPRIUM SANCTORUM

DE LA SAINTE ÉGLISE DE TOULOUSE

AVEC

LA VRAIE LÉGENDE DES SAINTS ET PLUSIEURS ANCIENS OFFICES

PAR

Le R. P. CARLES

Prêtre du Sacré-Cœur, Missionnaire du Calvaire.

Quicumque in alta siderum
Regnatis aula principes,
Favete votis supplicum,
Qui dona cœli flagitant.

TOULOUSE

IMPRIMERIE L. HÉBRAIL ET DELPUECH

RUE DE LA POMME, 5.

1880

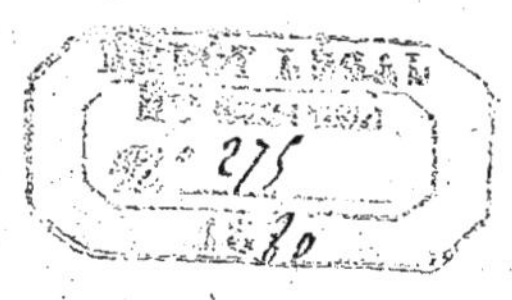

MÉMOIRE

SUR LE

PROPRIUM SANCTORUM

DE TOULOUSE

NOTA. *Ce Mémoire a été tiré à un petit nombre d'exemplaires. La première pensée de l'auteur a été de l'offrir à Son Eminence le Cardinal de Toulouse, à quelques Prélats, au Chapitre métropolitain, aux Curés de la ville et à quelques Prêtres éminents du diocèse.*

MÉMOIRE

SUR LE

PROPRIUM SANCTORUM

DE LA SAINTE ÉGLISE DE TOULOUSE

AVEC

LA VRAIE LÉGENDE DES SAINTS ET PLUSIEURS ANCIENS OFFICES

PAR

Le R. P. CARLES

Prêtre du Sacré-Cœur, Misionnaire du Calvaire.

Quicumque in alta siderum
Regnatis aula principes,
Favete votis supplicum,
Qui dona cœli flagitant.

TOULOUSE
IMPRIMERIE L. HÉBRAIL ET DELPUECH
RUE DE LA POMME, 5.

1880

PRÉLIMINAIRES

On connaît la sollicitude des pontifes romains pour les livres de la prière publique et les saints Offices de l'Église. Saint Pie V, Clément VIII et Urbain VIII ont fixé la teneur du Bréviaire et du Missel; ils en ont choisi, avec un soin scrupuleux, toutes les formules, et il n'est plus permis, depuis trois siècles, d'y ajouter un mot sans l'autorisation du Saint-Siége. Cette bienfaisante sévérité nous a procuré le plus précieux des avantages, l'unité liturgique. On pourra sans doute faire de légères corrections à la liturgie; chaque siècle y ajoutera de nouvelles richesses; mais l'œuvre des pontifes romains restera toujours, et elle sera le meilleur héritage des temps futurs.

Urbain VIII réclame pour les saints Offices l'élégance du style et la beauté de la psalmodie. C'est lui qui a fait écrire ces mots à la première page du Bréviaire : *Divinam Psalmodiam Sponsæ con-*

solantis in hoc exilio absentiam suam a Sponso cœlesti, debet esse non habentem rugam, neque maculam; quippè cùm sit ejus Hymnodiæ filia, quæ canitur assiduè ante sedem Dei et Agni, ut illi similior prodeat, nihil, quantùm fieri potest, præferre debet, quod psallentium animos, Deo ac divinis rebus, ut convenit attentos, avocare alio ac distrahere possit : qualia sunt, si quæ interdum in sententiis aut verbis occurrant non tam aptè concinnèque disposita, ut tantùm tantique obsequii ac ministerii opus exigeret. On voit, à ces paroles, le goût exquis de ce pontife (1).

Quelle ne doit donc pas être la vigilance d'un évêque, relativement aux offices particuliers de son diocèse? C'est toujours la prière publique qu'il s'agit de préparer, c'est-à-dire l'œuvre la plus grave et la plus importante, selon saint Pie V : *In primis numerandas esse sacras preces, laudes et gratias Deo persolvendas.* (Bulle *Quod a nobis.*)

Une remarque a été faite dans un grand nombre de diocèses de France, c'est que les Propres actuels, contenant les offices locaux, laissent beaucoup à désirer. Pour la plupart, ils furent rédigés à la hâte, quand on reprit la liturgie romaine, il y a une trentaine d'années; au lieu de rechercher dans les anciens Bréviaires les vraies traditions des églises et les formules vénérables des anciens âges,

(1) On sait qu'Urbain VIII était poète. Il composa les hymnes et l'office de sainte Elisabeth de Portugal.

on se contenta de copier les offices des saints diocésains dans le Bréviaire gallican, que le clergé avait entre les mains. Ce travail fut facile, rapide, et par conséquent très-incomplet. On aurait dû procéder autrement. Chaque église a ses livres, ses anciens usages, ses prières particulières ; elle doit bien se garder de répudier cet héritage des siècles, qui est sa propre gloire ; elle doit au contraire, dit le cardinal Bona, le conserver soigneusement : *Debet unaquæque Ecclesia custodire ritus suos, receptos a majoribus, longoque usu præscriptos et legitima auctoritate approbatos ; si quid verò innovatum, id expungendum et corrigendum est* (1). Voilà la règle.

C'est pour ne l'avoir pas observée que plusieurs évêques se sont vus dans la nécessité de retoucher le Propre diocésain ; quelques-uns ont annoncé leur dessein de le refondre complétement, afin de rétablir les traditions anciennes, de réparer des omissions, de corriger des fautes, d'enrichir les légendes, de rattacher enfin, autant que possible, le présent au passé. Chaque église doit, en effet, conserver son caractère et sa physionomie (2).

(1) Le cardinal Bona était un grand liturgiste. Il composa, pour le Bréviaire romain, la légende et l'oraison de sainte Rose de Lima.

(2) Ce travail de révision ou de refonte est terminé dans quelques diocèses, comme à Limoges. On lit ces mots dans la seconde approbation du Propre : *Grave ferebant* (*clerus et fideles*) *quod multi ex Sanctis, qui de diœcesi optime erant meriti, fuerint omissi.* — En 1871, Mgr Guibert, encore archevêque de Tours, écrivait à M. Arbellot que son intention était de refaire le Propre de son église, afin d'y rétablir les vraies traditions sur saint Gatien.

Quand on lit attentivement le Propre actuel de Toulouse, on est péniblement surpris de sa désolante sécheresse, et on se demande si c'est bien là la grande voix de cette antique église, la plus illustre du midi de la Gaule. (On ne peut lui comparer que Paris et Lyon.) Comme les autres églises du royaume, elle a eu des accents particuliers, des formules et des chants pour glorifier son apôtre Saturnin, ses martyrs et ses pontifes. Le croirat-on? de toutes ces formules vénérables des âges passés, elle n'en a pas conservé *une seule*; de telle sorte que ses grands offices sont tout à fait neufs et par conséquent anti-traditionnels. On ne retrouve plus ici la physionomie de la sainte église de Toulouse.

Mais l'étonnement redouble quand on découvre que ces offices sont copiés sur le moderne Bréviaire de Paris. L'office de saint Saturnin n'est autre que celui de saint Denys. Il faut être bien pauvre pour emprunter à une église ses chants et ses prières. Ce fut, on le sait, l'engouement du dix-huitième siècle. Heureusement, les idées ont bien changé. Le diocèse de Paris lui-même a mis de côté son trop fameux Bréviaire. Lisez, dans son Propre actuel, l'office de saint Denys, et au lieu de ces antiennes et de ces répons, composés tant bien que mal de paroles scripturaires, vous y trouverez les formules traditionnelles du moyen âge, ces vieilles antiennes et ces vieux répons, qui racontent la légende populaire de l'apôtre de

Paris : *Salve, inclyte Martyr*, — *Adest beati Dionysii sacratissima dies*. Aux secondes vêpres, l'antienne du *Magnificat* rivalise avec les plus belles antiennes du Bréviaire romain :

Hodiè Dionysius, Antistes, pro Christi nomine martyrio coronatus est. Alleluia. O beata anima! jam in æternum possidet Deum, quem a Gentium Doctore in medio Areopagi prædicante, supremæ gratiæ lumine illustratus, agnovit et tota mente dilexit. Alleluia.

Le cardinal Guibert aura cette gloire d'avoir rendu à sa noble métropole ses plus beaux accents d'autrefois et ses antiques prières.

Lorsqu'une nouvelle édition du Propre de Toulouse est devenue nécessaire, Son Éminence le Cardinal a nommé une Commission chargée de le réviser et de le compléter (1). Le clergé a compris de suite le grand intérêt qui s'attache à cette question, et plusieurs de ses membres ont adressé, par écrit, à la Commission, leurs observations ou leurs désirs. J'avais moi-même envoyé quelques notes, sur la demande qu'on m'en avait faite ; mais ce travail s'agrandissant à mesure que je consultais de nouveaux Bréviaires et Missels, j'ai dû coordonner tant de nombreux matériaux et y mettre la dernière main. Telle est la raison de ce Mémoire.

(1) Voici les membres de cette Commission : M. Dencausse, vicaire-général, *président ;* MM. les chanoines Ruffat, Reulet et Pujol; le R. P. Chastain, supérieur de la communauté des Clercs de la Métropole ; M. Mariette, directeur au Grand-Séminaire.

Mon intention est de publier les anciens offices de l'église de Toulouse, et de faire connaître cette liturgie, justement appelée Romaine-Française, qui est peut-être la meilleure gloire de notre nation. C'est le seul moyen d'éclairer la question de notre Propre diocésain. Ces offices sont inconnus aujourd'hui; je les ai tirés de la poussière des bibliothèques. Le lecteur attentif en comprendra toute l'importance.

Il est nécessaire d'entrer auparavant dans quelques explications préliminaires.

1° **Histoire.** — Les premiers monuments de la liturgie toulousaine sont dans le Missel gothique, en usage dans ce pays, sous la domination des Visigoths. Le quatrième Concile de Tolède avait statué qu'un même ordre pour la prière et la psalmodie serait suivi dans toute l'Espagne et la Gaule. Il n'est ici question que de la Gaule narbonnaise, dans laquelle Toulouse était comprise. Dom Mabillon nous a conservé des extraits de cette liturgie, dans son ouvrage *De Liturgia Gallicana*. Au livre IIIe, n° 16, nous trouvons la messe de saint Saturnin avec une préface (*Contestatio*), où on lit ces mots : « Votre saint Pontife, envoyé d'Orient à Toulouse, « Rome de la Garonne, à la place de votre apôtre « Pierre, y fonda notre église et y consomma son « martyre. » *Siquidem ipse Pontifex tuus, ab Orientis partibus in urbem Tolosatium destinatus, Roma Garumnæ, in vicem Petri tui, tam cathe-*

dram fundavit, quam martyrium consummavit. Cette phrase atteste la mission de saint Saturnin par saint Pierre (1).

Mais ce rite devait disparaître, sous les règnes de Pepin et de Charlemagne, pour faire place à la liturgie romaine, qui fut établie dans toute la France, par les conseils et les exhortations du pape saint Adrien. Les usages romains furent dès lors implantés chez nous pour de longs siècles. Toutefois, le respect qu'on avait pour ces saintes formules, n'empêcha pas, qu'avec un certain laps de temps, d'autres formules et d'autres offices ne prissent place dans les mêmes livres liturgiques ; ces nouvelles pièces portaient le cachet de notre pays et celui de leur siècle. Il n'y a qu'à ouvrir les Bréviaires et les Missels du moyen-âge pour constater la fécondité admirable de nos pères et leur zèle pour les saints Offices. Telle fut l'origine de cette liturgie *Romaine-Française,* où les accents de la France très - chrétienne se mêlaient agréablement aux

(1) Mgr de Brienne fit imprimer cette préface dans son Missel de 1772, à cause de son antiquité, dit-il ; mais comme les gallicans n'admettaient pas l'évangélisation de la Gaule au premier siècle, on modifia ainsi la phrase principale : *Si quidem ipse Pontifex tuus a sede Petri in has partes missus.* Voilà comment, sans plus de gêne, ou faussait la vraie tradition de Toulouse. M. l'abbé Latou n'a pas manqué d'en faire la remarque dans son excellente dissertation sur la date de l'apostolat de saint Saturnin.

Dans le Missel de Mgr d'Astros, on remplaça cette ancienne préface par une nouvelle, qui rappelle un peu celle de saint Denys, au Missel parisien, et qu'on pourrait bien abandonner, ne fût-ce que pour l'embarras d'aller la chercher à la dernière page du Missel, quand on dit la messe.

prières et aux chants de l'Église mère et maîtresse. Rome ne blâma jamais ces productions nationales, qui ne détruisaient nullement l'unité ; de même qu'aujourd'hui elle approuve encore les offices et les usages locaux des diocèses, où règne le Bréviaire romain. Saintement jalouse de nos richesses liturgiques, elle les a accueillies souvent avec une sorte de prédilection, en les plaçant dans ses propres livres (1).

Quelques débris de la liturgie primitive se fondirent avec les usages romains, et on en trouve la trace dans les livres du moyen âge ; c'est ainsi qu'on ajoutait un neuvième répons à la fin de matines et un verset, appelé sacerdotal, entre matines et laudes. Quelquefois on ne disait qu'une antienne aux premières vêpres, *Super psalmos ;* à la veille des fêtes solennelles, on lisait à vêpres les psaumes de la férie et on chantait un répons après le capitule. Parmi les usages qui s'ajoutèrent au Romain, on peut citer celui des prières générales du prône, la coutume de faire baiser l'Evangile au clergé, celle de suspendre le Saint-Sacrement au-dessus de l'autel, dans un vase en forme de colombe. D'autres

(1) Des hymnes, des cérémonies particulières et même des fêtes ont été empruntées à l'Église de France par l'Église romaine. C'est un évêque de Paris, Maurice de Sully, qui composa pour son église les beaux répons de l'office des Morts : *Domine quando veneris. — Peccantem me. — Domine secundum actum meum. — Libera me Domine de viis inferni. — Libera me Domine de morte æterna.* Les autres répons de cet office étaient déjà dans l'Antiphonaire grégorien.

coutumes, qui ont persisté, venaient de la liturgie monastique, comme la leçon brève et le *Confiteor* de complies, les grandes antiennes *Salve Regina, Regina cœli, Alma*; les hymnes et les séquences, le *Veni Creator* chanté à tierce pendant toute l'octave de la Pentecôte; enfin l'aspersion et la procession avant la messe du dimanche (1).

Ce sont les livres du moyen âge, qui, avec les traditions romaines, gardent toutes nos traditions locales, traditions qui furent conservées à peu près partout jusqu'à la déplorable révolution liturgique du siècle dernier. Lisez le Bréviaire toulousain de 1531 (2), le Bréviaire narbonnais de 1602 (3), et vous serez étonné d'y trouver tant de richesses. C'est là que sont nos véritables sources liturgiques

(1) Voir Grancolas, Lebrun, Dom Guéranger.

(2) Voici le titre de ce Bréviaire : *Breviarium secundum consuetudinem ac ritum insignis Ecclesiæ Tolosanæ sancti Stephani archiepiscopalis ac metropolitanæ, novissime recognitum et minutioribus characteribus, ad hanc formam redactum, ut quidquid olim in aliis desiderari potuerat, in hoc copiose et fideliter appositum sit : accedente diligenti castigatione.* — Parisiis, apud Guillelmum Merlin, in ponte trapezitarum, ad sylvestris hominis intersignium, 1553. Ce Bréviaire appartient à M. le chanoine Ruffat.

C'est un volume in-12, imprimé rouge et noir avec des caractères gothiques, et d'une rare perfection ; il est doré sur tranche et relié en vélin. On n'en connaît pas d'autre exemplaire, ce qui le rend extrêmement précieux pour le diocèse de Toulouse.

(3) Voici le titre de celui-ci, in-8o : *Breviarium ad usum sanctæ Narbonensis Ecclesiæ metropolitanæ, non mediocri diligentia per venerabile Capitulum ipsius correctum, adjectis etiam nonnullis officiis ac Regulis perquam necessariis.* — Lugduni, apud Theobaldum Ancelin typographum regium, sumptibus supradicti venerabilis Capituli, 1602.

et nos monuments authentiques (1). Je le ferai voir plus loin.

Lorsqu'en 1568, le pape saint Pie V réforma le Bréviaire romain, il n'imposa sa réforme qu'aux églises dont le Bréviaire particulier n'avait pas deux cents ans d'existence. Nul doute que, dans ces conditions, Toulouse n'eût le droit de conserver ses livres liturgiques avec ses offices particuliers. Mais, en face du protestantisme si menaçant, un besoin se faisait sentir partout, c'était le besoin de l'unité; plus que jamais il fallait se rapprocher de l'Église romaine et ne faire qu'un avec elle. Dans ces conjonctures, presque toutes les églises de France renoncèrent à leurs priviléges, et prirent le romain pur, en y ajoutant toutefois un Propre diocésain.

Le Concile de Toulouse de 1590, présidé par le cardinal de Joyeuse, fit son décret sur l'office divin, en conformité de la bulle de saint Pie V. Le voici : *Sed ut major Christianorum sit inter se consentio, horæ canonicæ, tùm privatim, tùm publice, ex Breviarii Romani præscripto recitentur* (2).

Il fallut plusieurs années pour arriver à l'unité

(1) Dans les approbations romaines des divers Propres, on lit souvent ces mots : *Ex fontibus probatis, ex authenticis monumentis*. Il est clair comme le jour que ce n'est pas dans le moderne Bréviaire de Paris qu'il faut aller chercher ces sources et ces monuments.

(2) Concil. de Tolosan. Part. I, cap. IV, nº 2. — Ce Concile se trouve dans la collection de Labbe, tome XV. On le trouve encore dans le livre de Simon Peyronet, curé du Taur, intitulé : *Jus Ecclesiæ Tolosanæ*. Toulouse, 1669.

désirée. On plaça les offices diocésains dans un petit volume séparé, le *Proprium Sanctorum*. Nous en avons plusieurs éditions, dont la forme est toute romaine (1).

Malheureusement, une révolution liturgique profonde et radicale devait s'accomplir dans le dix-huitième siècle. On laissa de côté à peu près tout le passé, et on se mit à composer des offices nouveaux ; chaque liturgiste y mit son goût et ses idées particulières. Comme on l'a dit, cette œuvre malheureuse devait succomber ; et en effet, elle a complétement disparu, à part quelques rares offices, qui sont encore dans les Propres diocésains et qui les déparent.

A Toulouse, Mgr de Brienne publia un nouveau Bréviaire et un nouveau Missel (2). La besogne

(1) Voici les diverses éditions connues : Celle de 1647, très-belle édition in-folio, rouge et noir. — Celle de 1679, in-4° (introuvable). — Celle de 1699, in-folio, reproduisant la première, mais moins belle. — Enfin celles de 1724, de 1744 et de 1750. A la fin de ces Propres, on avait toujours le soin d'ajouter les offices nouveaux que les papes mettaient au Bréviaire romain.

(2) On connaît les diverses éditions de cette liturgie : Bréviaire in-12, de 1770, qui porte les laides gravures du Bréviaire de Paris, où sont représentés les vertus théologales avec les monuments de la capitale. — Edition de 1784, in-4°, Carcassonne. — Edition de 1818, portant le nom de Mgr de Bovet. — Missel de 1772, in-folio. — Même Missel, in-4°, de 1774.

Il y a encore le Processionnel de 1774, les deux Rituels de Mgr de Brienne et du cardinal Clermont-Tonerre, et enfin le Missel de Mgr d'Astros.

Les *Nouvelles Ecclésiastiques*, fameux journal janséniste, louèrent beaucoup le zèle de Mgr de Brienne et de quelques autres prélats. Le 16 avril 1772, ce journal disait : « On sait que M. l'Archevêque de Toulouse et MM. les Evêques de Montauban, Lombez, Saint-Papoul, ne fut ni longue, ni pénible ; on reproduisit tout simplement le Bréviaire et le Missel de Paris, en classant, comme il convenait, les saints diocésains. On fit main basse sur toutes les anciennes formules du passé. C'était évidemment un parti pris. Aussi, quelle sécheresse dans ces nouveaux livres! Du reste, leurs auteurs en ont fait l'aveu : « Il ne « paraît pas, dit l'un d'eux, que ce soit l'onction « qui domine dans les nouveaux Bréviaires. On y « a, à la vérité, travaillé beaucoup pour l'esprit, « mais il semble qu'on n'y ait pas autant travaillé « pour le cœur. Ne pourrait-on pas dire qu'on a « fait la plupart des antiennes dans les nouveaux « Bréviaires, seulement pour être lues des yeux « par curiosité et hors de l'office?

« Ceux qui ont composé le Bréviaire romain ont « mieux connu qu'on ne fait de nos jours le goût de « la prière et les paroles qui y conviennent (1). »

Cette condamnation des liturgies gallicanes a été partout acceptée.

2° **Quelques règles.** — La rédaction d'un Propre suppose la connaissance de certaines règles particulières, se rapportant au choix des saints, au jour de leur fête, à leur office et au degré de solennité qu'on doit leur accorder dans le calendrier.

Aleth, Bazas et Comminges, ont donné l'année dernière, à leurs diocèses respectifs, un nouveau Bréviaire, qui est le même que celui de Paris, à quelques changements près, qui n'intéressent point le fond de *cet ouvrage immortel.* »

(1) Foinard, *Projet d'un nouveau Bréviaire.*

Grégoire XIII, dans son approbation du Propre d'Espagne, nous apprend quels sont les saints qu'il faut choisir ; il y en a de trois sortes : ceux qui appartiennent au diocèse par leur vie, leurs travaux ou leur mort ; les patrons, et enfin ceux dont on possède le corps ou des reliques insignes : *Qui vel illius diœcesis sunt naturales, vel ejus ecclesiæ seu diœcesis sunt patroni, vel eorum corpora seu notabiles reliquæ in ea ecclesia seu diœcesi requiescunt.*

Les saints du pays ont évidemment la première place ; quelques-uns ont été les apôtres de la contrée ; d'autres y ont souffert le martyre, ou bien ils y ont passé leur vie en donnant les plus grands exemples d'une piété héroïque ; ils ont laissé sur le sol des traces profondes ; ils y ont fondé des églises ou des institutions qui durent encore, de telle sorte que tout rappelle leur souvenir. S'ils y sont morts, leur tombeau est glorieux ; il attire les foules et il est le foyer des plus grandes grâces.

Il faut observer ici que plusieurs des saints dont je parle, ne sont honorés que dans leur pays, étant peu connus ailleurs ; de là l'obligation rigoureuse d'en faire l'office ; autrement ils n'obtiendraient aucun culte public (1).

Quelques saints sont nés dans un diocèse, ou ils n'ont fait qu'y passer, sans laisser aucune trace de leurs actions ; aucune église ne porte leur nom.

(1) C'est le cas de saint Cizy, saint Vidian, saint Aventin, saint Sabin, saint Frajou, etc., qui ne sont pas honorés hors du diocèse.

Alors, on en fait seulement mémoire, si d'ailleurs ils sont honorés dans un autre pays (1).

Les églises, les paroisses et les villes ont des patrons. D'après les rubriques générales, on doit leur donner un office-double de 1re classe avec octave. Mais tous ces patrons ne peuvent pas entrer dans le Propre; de là résulte la nécessité d'un *Supplément* au Propre diocésain, contenant leur légende, et d'un *Octavaire* pour régler les différentes leçons de l'octave (2).

Les paroisses, et même les communautés, peuvent demander à la Sacrée-Congrégation un office particulier de leur patron (3).

L'honneur que l'Église rend aux reliques est très-grand : elle les vénère à genoux, elle les encense, elle les met dans la pierre sacrée de l'autel,

(1) C'est le cas de saint Raymond de Fitéro, né à Saint-Gaudens, de saint Raymond de Barbastre, qui fut abbé de Saint-Sernin. Ces deux saints, fort honorés en Espagne, n'ont laissé aucune trace chez nous. Saint Ysarn, abbé de Saint-Victor, est né à Toulouse.

(2) Le Bréviaire romain a un supplément, et les anciens Propres l'avaient aussi. Je puis citer celui d'Agen, de 1727. L'Octavaire est moins nécessaire depuis que les offices se sont si multipliés.

Dans quelques diocèses, un indult permet aux prêtres, qui n'ont pas au Bréviaire la légende de leur patron, de la prendre dans tout autre Bréviaire ou Propre approuvé.

(3) M. l'abbé Gez, curé de Saint-Martory, a obtenu de la Sacrée-Congrégation, par un décret du 27 novembre 1879, un office particulier de saint Martory.

Le Séminaire de l'Esquille a obtenu l'office de saint Stanislas de Kostka.

Les RR. PP. Olivétains de Saint-Bertrand ont obtenu les trois offices de saint Bertrand ; et M. l'abbé Maubé, curé de Saint-Bertrand, est en instance pour avoir la même faveur.

elle chante des cantiques à leur gloire; mais la plus belle louange est celle de l'office liturgique. Ce privilége ne peut être accordé qu'autant qu'on possède une relique insigne; il faut, en outre, que le saint soit inscrit au Martyrologe romain ou approuvé spécialement. Le décret du 11 août 1691 est formel.

Un autre décret explique quelles sont les reliques insignes : *Insignes reliquiæ declaravit* (S. R. Congr.) *esse caput, brachium, crus, aut illam partem corporis in quâ passus est martyr, modo sit integra et non parva et legitimè ab Ordinariis approbata*. Ces deux décrets sont au commencement du Bréviaire (1).

Les reliques ont été souvent transportées à cause des invasions soudaines, des guerres et des périls de toute sorte. Fréquemment, elles ont fourni l'occasion d'un patronage; c'est ainsi que Montauban a pris pour patron saint Théodard; Moissac a pris saint Cyprien de Carthage; Castelsarrasin, saint Alpinien; Rieux, saint Cizy, etc. Enfin elles ont donné leur nom à des villes et à des paroisses (2).

(1) Dans le voisinage de Toulouse, la paroisse de Colomiers possède une main de sainte Radegonde ; celle de Castelginest possède un pied de saint Lazare, martyr des Iconoclastes. Ces deux reliques, quoique des plus précieuses, ne sont pas insignes.

(2) Il faut distinguer soigneusement le patron du titulaire. Dans les villes, il n'y a qu'un patron ; mais chaque église a son titulaire. Dans les petites localités, presque toujours le titulaire se confond avec le patron. Aux suffrages communs du Bréviaire, on doit faire mémoire du titulaire de l'église à laquelle on est attaché. Celui qui n'est attaché à aucune église, doit faire mémoire du patron. Si un

Tous les diocèses ne sont pas également riches en saints. C'est alors le cas de recourir aux saints du voisinage, de la province ou de la nation (1).

Les saints du calendrier une fois bien choisis, il reste à les fixer à un jour de l'année ; et ici se présente la question du *natalice* : c'est le jour de la mort du saint, de sa naissance au ciel, et par conséquent le jour de sa fête. L'observation du natalice est une des choses les plus importantes ; on est vraiment désorienté quand on rencontre saint Basile au 3 janvier, saint Grégoire le Grand au 3 septembre, et saint Léon le Grand au 10 décembre. (Bréviaire de Toulouse, de 1770.) C'est comme si on plaçait sainte Germaine en hiver, quand sa légende nous dit qu'elle mourut lorsque les blés commençaient à mûrir. Les Bréviaires gallicans nous ont donné ici les plus mauvais exemples.

S'il est absolument impossible de mettre un saint à son natalice, il faut le placer au premier jour libre, qui devient son propre jour, *Dies fixa*. Je n'ai point l'intention d'exposer les rubriques à ce sujet. Il me semble que, dans plusieurs Propres ou Bréviaires, les saints sont trop éloignés de leur natalice ; il vaudrait mieux, dans ce cas, n'en faire

lieu n'avait pas de patron, l'évêque peut alors lui imposer le patron du diocèse. (Voir le compte-rendu des Conférences du diocèse, année 1862.)

(1) On signale le diocèse de Bazas comme n'ayant pas de saints. En 1004 (13 novembre), saint Abbon, abbé de Fleury-sur-Loire, mourut martyr à la Réole. Le diocèse le mit aussitôt dans son calendrier.

que mémoire. Quand il y a occurrence, quelques Bréviaires portent cette rubrique : *Semiduplex ad libitum, simplex de præcepto ;* c'est afin de ne pas renvoyer un saint à cinq ou six mois de son jour propre.

Quant aux offices, la règle des Propres comme celle des Bréviaires, est de prendre généralement les antiennes, les répons et les hymnes au Commun des saints. Les grands offices ont leurs antiennes propres et leurs chants particuliers ; c'est un ensemble harmonieux et lyrique, où les actions, les vertus et les miracles du saint s'étalent magnifiquement dans les antiennes et les répons. Les exemples en sont nombreux dans le Bréviaire romain : voyez les offices de sainte Agnès, de saint Laurent, de saint Martin, etc. L'Église y répète avec complaisance les paroles même de la légende ; on y trouve partout de l'onction, de la grâce et de la vie. Tous les grands offices composés au moyen âge ont ces belles couleurs (1). C'est ici surtout qu'il faut chercher les traditions locales et les suivre, au lieu de se recommander à Paris. Soyons traditionnels, et nous resterons Toulousains.

Les antiennes de laudes sont ordinairement à vêpres ; elles deviennent ainsi plus facilement populaires. Dans les Bréviaires gallicans, on les a

(1) Je comprendrais qu'on eût composé des antiennes pour l'office de sainte Germaine. Le siècle de sa canonisation aurait pu et dû peut-être le faire. Mais il faudrait bien se garder de copier ou même d'imiter les offices gallicans.

multipliées à satiété, et ajoutez à cela qu'elles sont insignifiantes. Qui retiendra, en effet, ces antiennes, qui ne reviennent qu'une fois l'an : *Invocans Deum maturius, — Radix mea aperta est, — Cadat oratio nostra;* et les répons : *Dixit : Eamus. — Ait : Quis est titulus, — Cùm emisisset Pharao, — Virtutes non quaslibet,* etc.? Tandis qu'on retient et qu'on goûte les paroles suivantes : *Beatus Laurentius orabat dicens, — In craticula te Deum non negavi, — Est secretum Valeriane, — Dixerunt discipuli ad Martinum, — Ingressa Agnes, — Cœcilia famula tua.* J'en puis dire tout autant des anciens offices de saint Saturnin, de saint Bertrand et des autres, où sont les antiennes : *O fortis Athleta, Saturnine Pontifex, — Benedicti viri corpus, — Orante beatissimo martyre, — O verè sanctum Prœsulem, — Inclyte Bertrande, — Gemma sacerdotum, — Ave, martyr inclyte, Papule, — O vas omnis gratiœ.*

Le degré des fêtes se mesure à la dignité du saint. On accorde généralement une prééminence aux saints des temps apostoliques, à ceux qui ont vu Notre-Seigneur ou qui furent les disciples ou les compagnons des Apôtres, comme saint Martial, saint Front, etc. Il semble que saint Bertrand et saint Exupère doivent avoir un plus haut rang que les autres pontifes. Pourquoi donner à ceux-ci le rite double-majeur, qui n'est pas accordé, dans Rome même, à saint Léon le Grand, à saint Grégoire le Grand et à d'autres papes célèbres ?

Les offices doubles, il faut l'avouer, ont envahi le Bréviaire. Clément X les multiplia beaucoup; jusqu'à lui, ils n'avaient été admis qu'avec grande modération. Benoît XIV arrêta ce courant; mais après lui, il reprit son cours, et nous avons vu Pie IX marcher aussi dans cette voie.

Il faudra s'arrêter cependant, car les jours de l'année sont comptés; en outre, on ne peut pas abandonner tout à fait l'office férial, ce qui ferait perdre à la liturgie ses couleurs et son harmonie. Grégoire XIII le disait de son temps : *Ne ordo Breviarii subverteretur* (1).

Les semi-doubles ne doivent pas être trop rares, ce qui diminuerait considérablement les messes de *Requiem* et les messes votives.

Enfin, les simples mémoires sont un grand secours pour enrichir le Bréviaire de plusieurs saints, qui ne peuvent y avoir un office de neuf leçons.

3° **Les Légendes.** — Chaque église avait autrefois son *Légendaire* pour les offices divins (2). La

(1) Je trouve dans le Propre de Carcassonne (1873) soixante jours occupés par des saints papes, avec un office double ; il y a encore les saints diocésains, de telle sorte que tous les jours sont remplis et au delà.

(2) LEGENDARIUS : *Liber Acta Sanctorum per anni totius circulum digesta continens, sic dictus, quia certis diebus* legenda *in Ecclesia et in sacris synaxibus designabantur a moderatore Chori.* Glossaire de Du Cange. — Lorsque ce livre ne contenait que les légendes des martyrs, on l'appelait Passionnaire.

Dans les Bréviaires du moyen âge, la légende occupait les trois nocturnes; mais les leçons étaient très-courtes, ce qui était cause qu'on ne la lisait pas toujours tout entière. Quelquefois la lecture légende liturgique est avant tout un récit pieux, édifiant, qui va plutôt au cœur qu'à l'esprit; il faut en écarter l'érudition; mais on y met fidèlement les vertus des saints avec les faits surnaturels et les prodiges qui ont été leur glorification.

On sait que la fausse critique du siècle dernier a jeté un discrédit sur nos légendes; ces merveilleux récits, qui firent le charme des générations du moyen âge, sont qualifiés de suspects; ce seraient des monuments rédigés par l'ignorance, empreints de crédulité et ne contenant que de pieuses fictions sans réalité historique. Je n'ai pas à faire ici un traité pour venger nos anciens Bréviaires. Il y a une réponse qui s'impose à tous les critiques passés et présents : les évêques et les conciles firent des prescriptions sévères pour qu'on ne lût en public que les Actes approuvés. Chaque légende, avant que la lecture en fût autorisée, était soumise à un examen solennel. Le pape saint Adrien écrivait à Charlemagne : « On ne « lit pas dans l'Église les vies des saints dont les « auteurs sont inconnus, mais seulement celles « d'auteurs connus et orthodoxes. » Si nos légendaires sont approuvés, nous sommes donc en possession. C'est à nos adversaires à donner des preuves contre nous, des preuves claires, précises, et non vagues et générales (1).

de la légende se prolongeait pendant toute l'octave. Voyez l'ancien office de saint Bertrand.

(1) Si on découvre dans une légende une erreur certaine, on la

Ce fut une aberration des deux siècles derniers de vouloir reculer au troisième siècle l'origine de presque toutes nos églises françaises. Jusqu'alors on avait enseigné que nos premiers Apôtres avaient été envoyés dans les Gaules par saint Pierre lui-même ou ses successeurs immédiats : les novateurs voulurent marcher dans une autre voie; mais il est impossible aujourd'hui de les suivre. « Il est évident, dit Mgr Freppel, que la critique du dix-septième siècle a fait fausse route en s'insurgeant contre la tradition immémoriale de nos églises. »

Tillemont, toujours si difficile à contenter, ne veut pas admettre l'apostolat de saint Jacques en Espagne : « Toutes les églises d'Espagne, dit-il, « prétendent qu'il a prêché dans ce royaume; on « ne voit pas cependant qu'on en ait donné des « preuves certaines. » Qui voudra donc admettre que toute une nation se trompe sur ses origines chrétiennes? Il faut avoir plus que de l'audace pour suspecter un témoignage si unanime.

Le Saint-Siége a toujours favorisé le sentiment des anciens, et s'il a laissé passer quelques légendes sans correction, comme celle de saint Saturnin dans le Propre de Toulouse, où se trouve le sentiment contraire, il n'en est plus ainsi aujourd'hui (1). La démonstration de nos origines chré-

fait disparaître. Les chameaux de la légende de saint Front de Périgueux sont certainement une erreur; ils appartiennent à saint Front de Nitrie. On avait confondu les deux légendes.

(1) La cour romaine a toujours eu la plus grande condescen-

tiennnes au premier siècle est faite. A-t-on tenu suffisamment compte de la preuve liturgique dans cette démonstration? Je ne le crois pas.

Les mêmes novateurs se débarrassaient facilement des miracles ; au lieu de consulter le sentiment de l'Église, ils suivirent les instincts de leur siècle, ils capitulèrent devant les préjugés d'une philosophie rationaliste ; plus dociles que sincères, ils abaissèrent à la portée de leurs contemporains les saints amis de Dieu, et ils les firent descendre de ces hauteurs où la grâce les avait placés. En accusant leurs devanciers de simplicité et de naïveté, ils amoindrirent et diminuèrent les grands caractères de la sainteté (1).

Lisez, si vous en avez le courage, les légendes des Bréviaires gallicans. Ce sont des notices historiques, des fragments d'érudition, des détails insignifiants, souvent des doutes : *Creditur, fertur, dicitur*. Rarement la piété y trouve sa nourriture (2).

dance. Dans les Propres approuvés, nous trouvons des opinions bien opposées. A Toulouse, saint Honest est martyr ; à Nîmes, il n'est que confesseur. A Toulouse, saint Saturnin est du troisième siècle ; à Auch, il est du premier. Rome cède aux instances qui lui sont faites, quand le dogme ou la morale ne sont pas en cause.

(1) Cardinal Pitra : *Etudes sur la collection des Actes des Saints.*

(2) Je veux en citer une, celle de sainte Quitterie, au Propre actuel de Tarbes, 22 mai. Elle est tirée du Bréviaire d'Auch (1753), ou plutôt du *Gallia Christiana*.

La voici : *Sanctæ Quitteriæ, Virginis et Martyris, natale notatur undecimo calendas junii. Apud Vico-Julium, in ecclesia Adurensi, fuit olim monasterium ejus nomine insignitum, non*

Prenez ensuite le Bréviaire romain, et vous y verrez la langue maternelle de l'Église, cette parole suave qui instruit et édifie, qui raconte avec simplicité les vertus de ses enfants et les plus hauts prodiges de la grâce divine. Voilà le modèle à suivre.

4o **Le Chant.** — Si Toulouse était en possession du chant romain ou grégorien, je n'ajouterais pas ce chapitre à mon travail; malheureusement, malgré l'unité des paroles romaines, le chant parisien règne encore dans le plus grand nombre des paroisses. Il y a là, à mon avis, une étrange singularité. On va le voir.

En 1859, lorsque le diocèse reprit la liturgie romaine, quelques amis du chant toulousain (ou plutôt parisien) obtinrent de Mgr l'Archevêque la conservation de ce chant. Il fallut alors faire une opération difficile : il s'agissait d'appliquer les mélodies nouvelles sur les paroles romaines. On le fit tant bien que mal; seulement, la mélodie étant quelquefois trop longue pour les paroles, il fallut la couper impitoyablement. C'était évidemment la dénaturer. Cette tentative, proposée dans quelques

longe ab urbe; in cujus ecclesia suam episcopus habuit cathedram, ita ut Sanctæ-Quitteriæ præsul diceretur.

A Gregorio nono, romano pontifice, mensæ episcopali Adurensium Præsulum junctum est monasterium, quod antea Casæ-Dei subditum fuerat. Qui supererant reditus et fructus, erecto clericorum seminario donati sunt, et extincti monachorum tituli. Superest adhuc antiqua cœnobii ecclesia.

Ce sont des notes historiques. On ne dit absolument rien de la sainte. Ce n'est pas édifiant.

autres diocèses, n'a été réalisée qu'à Toulouse. Ailleurs, on en vit de suite les inconvénients. Le congrès tenu en 1862 pour la restauration du plain-chant, interrogé à ce sujet, fit cette réponse catégorique : « Le Congrès repousse l'idée de faire « l'application du texte de la liturgie romaine aux « chants des liturgies françaises du dernier siècle. »

La situation anormale du diocèse de Toulouse aura une fin, car on ne réimprimera jamais cette compilation un peu monstrueuse du chant gallican.

Son Éminence le Cardinal de Toulouse met le plus grand zèle à répandre le chant romain dans tout son diocèse ; depuis plusieurs années, il est en usage à la Métropole et dans un bon nombre de paroisses. Le chant du Propre toulousain a été imprimé en 1874.

Les mélodies grégoriennes ne sont pas très-nombreuses, elles sont simples et faciles, surtout lorsque la notation est faite avec soin, comme dans l'édition rémo-cambraisienne, adoptée pour ce diocèse. Les divers membres de phrase d'une mélodie y sont séparés par des traits ou barres; à l'aide de ces signes, le chantre voit clairement les arrêts qu'il doit faire et leur plus ou moins de durée. J'ai admiré bien souvent, à la Métropole, le chant de la belle antienne *Salva nos* de complies, avec ses quatre divisions si gracieuses : *Salva nos, Domine, vigilantes, — Custodi nos dormientes, — Ut vigilemus cum Christo, — Et requiescamus in pace.*

Les vêpres de la Vierge ont une mélodie du 4e ton, qui est des plus belles, aux antiennes *Læva ejus* et *Speciosa facta es*. Le musicien Choron la trouvait si délicieuse qu'il disait que les anges seuls avaient pu la composer. De pareils chants deviennent facilement populaires. On les retrouve partout, dans tous les diocèses de France et à l'étranger, ce qui leur donne un nouveau charme.

Le lecteur qui ne connaît pas le chant, ne partagera pas mes sentiments ; pour lui, peu importe le chant toulousain ou romain ; mais celui qui connaît et goûte le plain-chant, sera de mon avis (1).

Il y a deux ou trois ans, on répandit le bruit que le chant romain d'un éditeur de Ratisbonne allait devenir obligatoire dans toute l'Église. Il n'en faut rien croire. Tout le monde sait qu'il y a cinq ou six éditions du chant romain, qui diffèrent assez peu entre elles, car on y reconnaît immédiatement les mélodies grégoriennes ; mais il y a ici une note de plus, là une note de moins. Qui nous dira où est la mélodie primitive et véritable ? On ne le saura

(1) Dans le chant toulousain, l'introït *Gaudeamus*, qui revient plusieurs fois, n'est jamais du même ton. L'antienne *O Doctor optime*, qui revient plus souvent, est notée sur plusieurs chants différents, au lieu de reproduire toujours, comme au Romain, la même mélodie, celle des O de l'avent. Ce n'est pas là, on l'avouera, un moyen de rendre le chant populaire.

Je dois ajouter : Qui nous délivrera de ces *périélèses* ou *crochets* ? Enfin, il ne paraît pas concevable de laisser si souvent le chant romain des hymnes pour prendre le chant toulousain. Ceci ne devrait se faire que par exception et spécialement pour quelques hymnes du Propre.

jamais; et c'est ce qui rendra toujours impossible l'unité matérielle du chant romain. L'unité morale qui existe aujourd'hui est déjà un bienfait inappréciable et dont il faudra bien se contenter (1).

A Rome, le plain-chant n'est pas en honneur comme en France et en Allemagne; les Italiens le chantent trop vite et ils préfèrent la musique, avec laquelle ils rendent leurs offices interminables. Sa Sainteté Léon XIII, heureusement régnant, a déjà montré sa sollicitude à cet égard, en demandant quelques réformes.

La musique a sans doute de grandes beautés; mais, qu'on ne s'y trompe pas, rien n'égale les mélodies grégoriennes, vraies réminiscences des airs antiques, qui ravirent les multitudes et remplirent d'harmonie toutes nos cathédrales et nos églises. Rien ne peut être comparé à la psalmodie. Ne dit-on pas que saint Ignace l'établit à Antioche, après l'avoir entendue au ciel, de la bouche même des Anges? Quand on l'écoute attentivement, dans les monastères et les cathédrales, elle donne à l'âme un vrai ravissement. Saint Augustin nous raconte comment elle lui arrachait des larmes. La simple récitation en chœur de l'office est émouvante.

Il est remarquable que beaucoup de saints ont

(1) Je n'entends pas dire qu'il n'y ait aucun progrès possible. Il est clair que l'édition du chant romain de Malines est la plus défectueuse, tandis que l'édition rémo-cambraisienne est la meilleure. (Voir *Revue des Sciences ecclésiastiques*, t. XXIV, p. 391.)

aimé avec passion le chant liturgique ; plusieurs ont chanté des hymnes en mourant. Saint Félix de Cantalice, durant la journée, chantait les antiennes de l'Église. Le B. Jourdain de Saxe, quand il était en route, chantait l'hymne *Jesu nostra Redemptio*. Saint Thomas d'Aquin chantait aussi dans ses voyages.

L'antienne *Tradent enim vos* a été l'objet d'un miracle, raconté dans la légende de saint Dunstan, archevêque de Cantorbéry. Lorsque ce saint était encore moine et qu'il travaillait en orfévrerie, une lyre suspendue au mur lui fit entendre miraculeusement le chant de cette antienne. Par cette mélodie, qui lui était très-familière, Dieu fit comprendre à son serviteur qu'il lui réservait de grandes souffrances.

5° **Nos Saints.** — Nous habitons une contrée qui a produit un grand nombre de saints, et ce n'est pas sans raison qu'on disait autrefois : Toulouse *la Sainte*.

Depuis le Concordat, le diocèse de Toulouse s'est accru d'une portion des diocèses de Saint-Papoul, de Rieux, de Lombez, de la plus grande partie du diocèse de Saint-Bertrand et de celui de Rieux. Cet accroissement l'enrichit encore, en lui donnant plusieurs autres saints à honorer.

Quand on reconstitue, par la pensée et les souvenirs historiques, l'antique diocèse de Saint-Bertrand, on est ému de le voir aujourd'hui partagé en deux ; ce diocèse des montagnes, si beau, si religieux, si homogène, garde sa physionomie; c'est un sol sanctifié, possédant les plus vénérables églises : Saint-Just, Saint-Bertrand, Saint-Aventin, Saint-Béat, Montsaunès et tant d'autres. A l'époque des Sarrasins, cette terre fut toute rougie du sang des martyrs; elle en conserve glorieusement le souvenir, souvenir de foi et de patriotisme (1).

Quels sont les saints qui ont un droit particulier au culte, dans le diocèse de Toulouse? Nous allons suivre l'ordre même du Bréviaire, en indiquant successivement les apôtres, les martyrs, les pontifes, etc.

On donne le nom d'*apôtre*, même dans la liturgie, aux hommes des temps apostoliques, qui furent disciples de Jésus-Christ ou compagnons des premiers Apôtres. Quoique ce nom convienne à saint Saturnin, on ne le trouve pas dans l'ancienne liturgie toulousaine; mais cette liturgie lui donna l'évangile *Designavit,* qui est très-significatif (2).

Saint Martial et saint Front, hommes apostoliques, appartiennent au diocèse de Toulouse.

Tous les livres liturgiques de Toulouse portent au calendrier saint Martial. On le plaçait même

(1) Sur l'ancien diocèse de Comminges, on peut consulter avantageusement les deux manuscrits de Pomian et d'Abadie, tous deux chanoines de Saint-Gaudens avant la Révolution.

(2) L'Église romaine donne cet évangile aux hommes apostoliques ou apôtres du second rang, comme saint Martial, saint Front, etc.

autrefois à son natalice, qui est le 30 juin. Il prêcha le premier dans l'Aquitaine, vint à Toulouse avant saint Saturnin, et y fonda l'église de Saint-Etienne, en y laissant des reliques de ce premier martyr, qui était son parent, dit la légende.

Catel, dans ses Mémoires, nous dit : « L'ancienne « tradition est que l'église de Saint-Etienne a été « bâtie premièrement par saint Martial, et, depuis, « consacrée par saint Fronton, premier évêque de « Périgueux. Cette tradition est confirmée par des « anciens Mémoires de ladite église, qui étaient « couchés dans un vieux livre manuscrit, qui était « attaché au chœur de ladite église avec une chaîne « de fer, lequel livre fut brûlé de notre temps, « lorsque l'église s'embrasa (en 1609). » P. 159 (1).

On place ordinairement saint Martial dans les premiers jours de juillet, quand son office n'est que double. Il serait très-convenable de lui rendre son jour natalice, comme on a fait à Limoges, à Rodez, etc. Mais il faudrait l'élever au degré de 2e classe, sans oublier le titre d'*apôtre,* que la bulle de Clément VI prescrit de lui donner (2).

Saint Front a été honoré de tout temps à Toulouse ; il est dans les Bréviaires et les Missels du moyen âge, et on récitait encore son office à Saint-

(1) Bertrandi nous apprend que cette petite église primitive occupait l'emplacement actuel du clocher de Saint-Etienne.

(2) *Auctoritate apostolicâ, præsentium tenore statuimus B. Martialis festum amodo fore Duplex et tanquam Apostoli de cætero, in totâ, Aquitaniâ celebrandum.* (Bulle *Piam sanctorum.*)

Sernin, dans les jours qui précédèrent la Révolution. Saint Front fut l'ami de saint Saturnin, il vint le voir à Toulouse, et il y prêcha. Sa légende ajoute qu'il ressuscita un jeune homme sur le bord de la Garonne, où il s'était noyé, en venant écouter le saint Apôtre (1).

Une vieille tradition, nous venons de le voir dans Catel, affirme que saint Front fit la dédicace ou bénédiction de la première église de Saint-Etienne, à Toulouse. Cette tradition est dans le *Sanctoral* du dominicain Bernard Guidonis. Elle est aussi dans Bonaventure de Saint-Amable (2).

Les martyrs sont nombreux dans le Propre toulousain.

Le premier est saint Papoul, disciple bien-aimé de saint Pierre ; sa légende est fort belle. Il était né à Antioche de famille noble; tout jeune encore, il fut baptisé par le prince des Apôtres et il le suivit à Rome. Envoyé dans la Gaule avec saint Saturnin, il évangélisa nos pays. Une fontaine miraculeuse marque le lieu de son martyre (3). L'ancien office

(1) Propres de Saint-Sernin (1672 et de 1759). Le R. P. Matharan a publié l'*Ancienne Vie de saint Front*, par Sébalde, où se trouvent ces diverses traditions : *Tradition sur saint Georges,* Le Puy, 1877, p. 268. — Saint Front était honoré spécialement à la Dalbade et au collége du Périgord, dont la chapelle portait son nom. — (Voir Propre de Périgueux (1629); Propre de Sarlat. (1677); Bréviaire de Périgueux (1781) ; Propre du Puy (1858.)

(2) *Histoire de saint Martial*, Clermont, 1676, p. 633.

(3) On peut consulter ici un manuscrit du château de Saint-Papoul : *Recueil des actes les plus principaux de l'évêché de Saint-Papoul.* M. de Bernonville en a publié une portion très-intéressante dans ses *Mélanges.* (Paris, 1863.)

est des plus gracieux ; on en peut juger par cette antienne des premières vêpres :

Ave, Martyr inclyte, Amice Dei, Papule ; Ave miles et senior sanctæ cœlestis curiæ. O flos Græciæ! Rosa Ecclesiæ, ab immortali Rege veniam nobis tribue. (Breviar. Tolos.)

Il ne faut pas oublier que saint Papoul était évêque : il porte la mître sur sa châsse et dans les peintures de l'église de Saint-Sernin. Les anciens livres toulousains ont tous au calendrier ces mots : *Sancti Papuli, episcopi et martyris* (1).

Saint Honest, disciple de saint Saturnin, vient ensuite. Il est remarquable que saint Honest ne se trouve pas dans les Bréviaires du moyen âge et qu'on ne connaît pas le lieu de son martyre. A Nîmes, son lieu natal, on ne lui donne que le titre de confesseur. Cependant, les Bollandistes citent des martyrologes où il est qualifié de martyr. Saint Honest visita l'Orient avec saint Honorat; peut-être il n'en revint pas, car on ne trouve plus aucune trace de lui, ni aucune église qui porte son nom.

Saint Just et saint Pasteur sont honorés depuis plusieurs siècles dans le diocèse de Toulouse, mais surtout dans le diocèse de Saint-Bertrand, à cause de l'insigne relique de saint Just. Saint-Just aujourd'hui église paroissiale de Valcabrère, est le plus ancien monument chrétien de nos contrées; elle

(1) Missels de Toulouse (1490, 1524, 1540 et 1553).

est remplie de débris antiques et de marbres de l'époque gallo-romaine, ce qui a fait dire à la Société française d'Archéologie que ce monument est unique en France. (Session 47e, page 323.) La tribune gothique qui domine l'autel est la répétition exacte de ce qui se voyait à la Sainte-Chapelle de Paris et à Saint-Denis. Les fidèles pouvaient rendre leur dévotion aux saintes reliques, soit en dedans, soit en dehors, derrière l'abside centrale, sous une espèce de porche.

L'histoire ecclésiastique n'a pas de plus belle page que celle du martyre de ces deux enfants. Leur office, dans l'ancien Bréviaire de Narbonne, est d'une beauté ravissante (1).

Tous les barbares du dehors ou du dedans versèrent, dans nos pays, le sang chrétien : Visigoths, Sarrasins, Albigeois, Huguenots.

Saint Gaudens fut martyr des premiers. On s'est plaint avec raison de la sécheresse de sa légende actuelle (2). C'était un jeune berger, faible enfant, qui gardait ses agneaux, lorsqu'on vint l'arrêter pour le conduire au tribunal du juge Malet et à la mort. On croit que sa mère, Quitterie, fut martyrisée après lui ; on conserva pieusement les ossements du fils et de la mère ; mais celle-ci n'a jamais

(1) Propre d'Espagne ; Bréviaires de Narbonne (1602) et 1709) ; Bréviaires de Carcassonne (1745 et 1842). Les archives de Saint-Sernin possèdent de beaux livres de chant, in-folio, sur magnifique vélin, où se trouve l'office de ces deux saints.

(2) *Saint Gaudens, martyr*, par M. Abadie. Saint-Gaudens, 1855.

eu de culte. Mondavezan garde encore la petite châsse d'airain du quinzième siècle, ornée de peintures encaustiques; malheureusement les reliques qu'elle contenait ont diminué.

Les martyrs des Sarrasins sont nombreux : saint Sabin, l'évêque (1); saint Cizy, que Charlemagne avait mis à la tête d'un corps d'armée; saint Vidian, proche parent du grand empereur (2); saint Frajou, le jeune soldat, défenseur intrépide de la foi et de la patrie; saint Aventin, l'apôtre de l'Arboust (3).

Les martyrs d'Avignonet ont une des plus belles pages dans notre histoire provinciale. Assaillis par les hérétiques albigeois, ils reçurent joyeusement la mort, en chantant le *Te Deum* (4).

Nos pontifes tiennent une assez large place au calendrier. D'abord saint Exupère et saint Bertrand, qui doivent avoir un rang élevé à cause de leurs grands travaux et de leur grande renommée.

Saint Exupère a été loué, on le sait, par saint Jérôme, qui proclamait bien haut son zèle, sa grandé doctrine et les merveilles de sa charité. Il délivra miraculeusement la ville de Toulouse. Son ancienne légende dit qu'on ne peut le comparer

(1) Anciens manuscrits.

(2) Propre de Rieux (1764). Bréviaire de Rieux (1776).

(3) Il y a d'autres martyrs encore de cette époque, dans les paroisses voisines, qui sont du diocèse de Tarbes : saint Gordien, patron de Saint-Paul-d'Oueil; saint Calix et saint Mercurial, à Cazaux-Frechet et à Vielle.

(4) Bréviaire Dominicain. — Deux de ces martyrs étaient du diocèse de Comminges : les BB. Garcias d'Aure et Bernard de Rochefort.

qu'à saint Saturnin : *Non solum ulli secundus, verum etiam B. martyri Saturnino virtutum meritis comparandus* (1).

Saint Bertrand eut un épiscopat de cinquante ans environ; il avait été archidiacre de Toulouse, et, à son départ, il laissa des regrets universels : *Hunc sibi ministrum eripi doluit Tolosa,* dit la légende (2).

Après lui viennent les autres pontifes, couronnés de la plus grande vertu : saint Honorat, le successeur immédiat de saint Saturnin ; saint Hilaire, qui fit la première élévation du corps de notre apôtre ; saint Sylve, qui bâtit la première église en son honneur; saint Germier, l'amour des Toulousains, qui fut accompagné à Paris par un ange plus brillant que le soleil, et qui avait deux compagnons, saint Précieux et saint Dulcide, dont le premier écrivit sa vie (3) ; saint Erembert, le moine, qui revint mourir dans sa chère abbaye de Fontenelle (4).

(1) Bréviaire de Toulouse (1553). Il tient le goupillon, qui est sa caractéristique. Au siége de Toulouse, la mort frappait immédiatement tous les assiégeants, qu'il touchait de l'eau bénite, dit la légende. (P. Cahier, *Les Caractéristiques des Saints.*)

(2) Bréviaire de Toulouse (1553); Propre de Comminges (1734); Bréviaire de Comminges (1770).

(3) « *Angelum splendidiorem sole,* dit Bertrandi. » — Les belles tapisseries de la Métropole rappellent cet ange de saint Germier, dans ces deux vers :

LVTETIAM IRE PARAT GERMERIUS ANGELUS IPSI
FIT COMES : I PRÆSUL. TUTA FUTURA VIA EST.

(4) Propres de Toulouse (1744 et 1750). — *Histoire des Evêques et Archevêques de Toulouse*, par M. Cayre. Toulouse, 1873. — Martyrologe de Ferrari (Venise, 1625).

Signalons encore saint Africain, évêque de Comminges, qu'on invoque contre la foudre (1); enfin, saint Louis d'Anjou, la perle des Frères-Mineurs, qui porta la mitre si jeune et si peu de temps (2).

Parmi les confesseurs, nous avons les deux saints Raymond : Saint Raymond de Fitero, fondateur de l'Ordre de Calatrava, qui naquit à Saint-Gaudens (3); et saint Raymond, chanoine de Saint-Sernin, un des plus grands citoyens de Toulouse.

L'histoire des saintes Puelles est touchante. C'étaient deux vierges espagnoles, filles de prince, qui suivirent saint Saturnin à Toulouse, l'accompagnèrent à son martyre et recueillirent avec piété ses membres mutilés. On les honore comme vierges et martyres, parce qu'elles furent mises en prison et flagellées jusqu'au sang (4).

(1) Propres de Rodez (1819, 1824 et 1859).

(2) Nous trouvons dans les Propres toulousains des deux derniers siècles, saint Silvin, évêque de Toulouse (17 février). Il est aussi dans le Martyrologe romain. En 1770, on se contenta de mettre dans le Bréviaire de Toulouse : *Sancti Silvini, Tolosæ nati.* Il est prouvé que saint Silvin ne fut jamais évêque de Toulouse, et il est même fort probable qu'il n'y est pas né. Le P. Giry, dans ses *Vies des Saints*, a suivi le Martyrologe romain. Le P. Ribanéira, qui connaissait mieux l'histoire de nos pays, ne dit pas un mot de ce saint. Sa légende est au Propre d'Amiens (1871).

(3) Quelques auteurs le font naître à Turiason (Espagne). L'historien Oienhart prouve le contraire dans son ouvrage : *Notitia utriusque Vasconiæ.* — Bréviaire de Comminges (1770), au 30 avril. Le martyrologe de Cîteaux (1689), le met au 1er février.

(4) Bréviaire de Toulouse (1553); Propres de Saint-Sernin (1672 et 1759); Bréviaire de Saint-Papoul (1772); Propre de Carcassonne (1873). Ces deux vierges étaient honorées autrefois dans les diocèses de Narbonne, d'Elne et d'Urgel, en Espagne. On lit dans leur

Enfin, sainte Germaine, une des plus belles fleurs de la Gascogne, la dernière venue et la plus aimée. Plusieurs diocèses l'ont mise dans leur calendrier ; mais le diocèse de Toulouse l'honnore d'un culte solennel (1).

Quelques autres saints, sans appartenir spécialement au diocèse, y ont laissé des traces de leur zèle et de leurs travaux apostoliques, comme saint Antonin, martyr de Pamiers, qui a prêché à Toulouse (2) ; saint Orens, qui délivra cette ville (3) ; saint Raymond de Barbastre, qui fut abbé de Saint-Sernin (4) ; saint Théodard, qui appartint au clergé de Saint-Etienne (5) ; saint Firmin, le disciple de saint Saturnin et de saint Honorat, qui, de Toulouse, alla fonder l'église d'Amiens (6).

Il y a encore les saints du voisinage, dont la

légende : *Celebris est in antiquis Ecclesiæ Tolosanæ Breviariis harum sanctarum memoria.*

(1) On désirerait qu'il fût possible de dire, même aux fêtes doubles, des messes votives de sainte Germaine, à Pibrac, quand on y vient en pèlerinage. Il faut obtenir un indult.

(2) Propre d'Espagne, Propre de Rodez, Propre de Montauban, Bréviaire de Pamiers, *Breviarium Fontisebraldi*. Paris, 1586. — On voit encore, à Toulouse, sur la porte de sa chapelle abandonnée (touchant les Jacobins), dans un écusson, cette barque miraculeuse, qui porta ses reliques de l'Ariége dans le Rouergue.

(3) Bréviaire d'Auch (1753) ; Propre d'Auch (1858). — Il avait à Toulouse une célèbre chapelle, enrichie de ses reliques.

(4) Propre de Saint-Sernin (1672).

(5) Propres de Montauban (1710 et 1847) ; Bréviaire de Narbonne (1709) ; Bréviaires de Carcassonne (1745 et 1842) ; Bréviaires de Montauban (1770, 1825 et 1842).

(6) Propre d'Amiens (1871) ; Propre de Cambrai (1853) ; Martyrologe espagnol de Tamayo de Salazar.

renommée est très-grande parmi nous, et qu'on invoque en plusieurs lieux du diocèse : saint Clair, évêque et martyr à Lectoure ; c'est un des apôtres du pays et peut-être le plus populaire (1); saint Paul-Serge, l'apôtre de Narbonne, si connu en Languedoc (2); saint Eutrope, un autre apôtre, invoqué spécialement par les infirmes (3); saint Alain, dont la vie est si merveilleuse et qui est patron de Lavaur (4); saint Lizier, qui a son pèlerinage à Rebigue (5); sainte Foi et saint Caprais, spécialement honorés dans le diocèse (6); saint François Régis, qui vécut à Toulouse (7); saint Roch, populaire dans tout le Midi (8); saint Benoît d'Aniane, le grand réformateur des monastères en Languedoc et dans le Nord (9).

(1) Propres d'Albi (1703 et 1856); Propre de Cahors (1854); Propres d'Agen (1727 et 1857); Propres de Sarlat (1677 et 1699); Propre de Castres (1771); Propre de Bordeaux (1853, réimprimé en 1877). Pour une métropole comme Bordeaux, ce Propre est peu fourni; il n'y a pas un seul office intéressant.

(2) Bréviaire de Narbonne (1602). Il y a deux fêtes : le 22 mars (son arrivée), et le 11 décembre. — Propre de Lodève (1770).

(3) Bréviaire de Toulouse (1553). Propre de La Rochelle (1851).

(4) *Ibid.* — Bréviaire de Lavaur (1758).

(5) *Ibid.*

(6) *Ibid.*

(7) Propre des Jésuites.

(8) Bréviaire de Toulouse (1553).

(9) Propre de Montpellier (1736). Ce Propre doit être lu avec précaution. Il fut rédigé par le janséniste Villebrun, curé de Sainte-Anne, à Montpellier, qui, chassé de sa cure, mis à la Bastille, mourut en exil, ne voulant pas abjurer ses erreurs. On trouve dans ce Propre l'éloge du conciliabule de Bâle (17 septembre). Les Jansénistes le firent traduire en français. La seconde édition de cette

La possession de plusieurs reliques insignes demande que nous fassions l'office ou au moins la mémoire de saint Phébade, devenu patron de Venerque (1); de saint Béat et de saint Privat, évêques martyrs, dont les corps furent donnés par Charlemagne à la petite cité, voisine de Luchon, à Saint-Béat (2); de saint Martory, ce moine d'Orient, qui porta le Sauveur sur ses épaules, croyant porter un pauvre lépreux, et qui a donné son nom à la ville où ses reliques sont conservées (3);

traduction est de 1763. Autre édition de 1813. La fête du 17 septembre (du B. Louis Aleman) a disparu dans le Propre actuel de Montpellier (1855).

(1) Propre d'Agen (1857). — La légende de notre Propre est trop longue pour une leçon.

(2) Anciens manuscrits. — La ville de Saint-Béat possède plusieurs reliques importantes. La procession solennelle de ces reliques se fait le 8 août, fête de saint Cyriaque, patron secondaire de la paroisse.

M. l'abbé Roquebert, curé de Saint-Béat, a publié une petite monographie de sa paroisse, faisant connaître aux fidèles l'antiquité et l'histoire du lieu, les dévotions, les reliques, les chapelles, les confréries, etc. Tous les curés devraient en faire autant. Ces livres populaires devraient contenir, outre la légende du patron, un cantique populaire de ce patron, avec refrain, pour le faire chanter dans les catéchismes et à l'église.

(3) Bréviaire de Comminges (1770). — J'ai vu à Saint-Martory une ancienne gravure représentant le saint, qui porte sur ses épaules le divin Enfant avec cette légende : « Saint Martory était béné « dictin et aimait fort la retraite. Il fut averti en songe qu'il y avait « un pauvre lépreux qui désirait lui parler; et s'étant écarté du « couvent avec la licence du Supérieur, Jésus-Christ lui apparut en « forme et sous la figure d'un lépreux, et lui demanda l'aumône. « Saint Martory, n'ayant rien à lui donner, le prit et le mit sur son « col pour le porter dans son couvent; et étant assez près du mo- « nastère, les cloches du couvent firent un carillon merveilleux, ce « qui donna lieu aux Supérieur et religieux du couvent de sortir

de saint Guillaume de Gellone, dont le corps est à Saint-Sauveur (1).

Il y a quelques autres saints, honorés à Toulouse, depuis plusieurs siècles, comme saint Aubin, évêque d'Angers (2); sainte Quitterie, cette célèbre patronne de la Gascogne (3); saint Cyr et sainte Julitte, saint Nazaire et saint Celse (4), qui avaient autrefois un office solennel; les onze

« pour monter au clocher, d'où ils aperçurent saint Martory qui « portait ce pauvre sur son col, et on fut au-devant processionnel- « lement; et étant arrivés à la porte de l'église, ce pauvre lépreux « remercia saint Martory et disparut. Il guérit du haut mal ceux « qui ont la dévotion de se rendre à l'église le jour de la fête « locale, qui se chaume tous les ans, le 26 du mois d'août, en se « confessant et communiant à son intention. » Vient ensuite l'oraison du saint, précédée du verset.

(1) Propre de Montpellier (1855). — On a élevé des doutes sur les reliques de Saint-Sauveur (canton de Fronton). On ne conteste pas leur authenticité; mais on a prétendu qu'elles sont d'un autre saint Guillaume. (M. Salvan, *Histoire générale de l'Eglise de Toulouse.*) — Dans l'église de Saint-Loup (canton de la Daurade), il y a aussi le corps de saint Loup. Quel est ce saint?

(2) Missel de Toulouse (1540); Propre d'Angers (1878).

(3) Il n'y a pas de légende plus merveilleuse que celle de ces neuf sœurs, dont sainte Quitterie est la première. Elles obtinrent toutes la double palme de la virginité et du martyre. Voici leurs noms : Quitterie, Livrade, Gemme, Marciane, Eumélie, Victoire, Genivère, Germaine et Baseille. (Voyez le *Martyrologe espagnol* de Tamayo de Salazar.)

L'église de Cazères avait autrefois de belles boiseries dorées, où se déroulait la légende et l'apothéose de sainte Quitterie; dans un panneau, on voyait une femme tenant une corbeille, dans laquelle étaient neuf petits enfants de naissance; ce qui confirme la légende, disant que les neuf sœurs étaient jumelles et nées *ex uno partu*. (Voyez le Propre d'Espagne, au 20 juillet, dans la légende de sainte Livrade.)

(4) Bréviaire de Toulouse (1553).

mille vierges compagnes de sainte Ursule (1); saint Lazare, ressuscité par le Sauveur (2); saint Quentin (3); sainte Radegonde, une des grandes patronnes de la nation (4), et plusieurs autres. On peut y ajouter sainte Clotilde, épouse de Clovis, notre premier roi chrétien (5).

On a demandé l'office d'autres saints, qui semblent n'avoir aucun droit d'entrer dans notre Propre, comme saint Jean Népomucène, saint Irénée,

(1) Bréviaire de Toulouse (1553).

(2) *Ibid.* — Propre d'Aix (1853).

(3) *Ibid.* — Il y avait à Toulouse l'antique église de Saint-Quentin, en face du Capitole, dans la rue de la Porterie. — Propre de Lyon (1865).

(4) Propre de Poitiers (1856). — Il y a dans ce Propre un parfum d'antiquité qui le distingue de tous les autres. Le grand cardinal, dont on regrettera longtemps la perte, y avait mis la main. Il n'y a pas la plus petite antienne des liturgies modernes; mais il y a le moyen âge avec ses grands et nobles accents.

(5) On trouve encore dans le Bréviaire toulousain, saint Volusien, saint Pons, saint Yves, saint Cucuphat, saint Fiacre, saint Salvi, saint Vast, saint Géraud, saint Léonard, saint Brice, saint Aignan, les deux saints Germain de Paris et d'Auxerre, etc.

Dans le Propre actuel, nous faisons la mémoire de quelques saints, dont les reliques sont à Saint-Sernin : saint Edmond, saint Asciscle et sainte Victoire, saint Claude, saint Nicostrate, saint Symphorien, saint Castor et saint Simplice. On ne voit pas la raison de mettre ces offices dans le Propre du diocèse; ils entreraient très-convenablement dans le Propre de la basilique. Ces saints lui appartiennent.

Beaucoup d'églises importantes ont un Propre particulier. Dans le diocèse de Toulouse, plusieurs églises pourraient être dans ce cas : la Métropole, Saint-Sernin, Rieux, Saint-Bertrand.

L'Espagne, l'Angleterre, l'Irlande ont un Propre national, ce qui n'empêche pas chaque diocèse de fêter ses saints particuliers. En France, un Propre national serait trop volumineux à cause du grand nombre de nos saints. C'est ce qui faisait dire agréablement à Pie IX : *Ex Galliâ duodecim millia signati.*

sainte Philomène, saint Justin, les Martyrs japonais, etc. Dans un diocèse où les saints du pays ne sont pas nombreux, on peut entrer un peu dans cette voie ; mais à Toulouse, cela est à peu près impossible (1).

(1) *Saints inconnus.* — Il y en a un grand nombre sur lesquels il faudrait jeter quelques lumières. Je signalerai ici les suivants : sainte Gabelle ; son corps était dans une église qui fut donnée à Saint-Etienne par Hugues Ier, évêque de Toulouse. — Sainte Matrone, honorée à Mazères, près de Salies. — Sainte Flore, honorée dans la ville de Saint-Martory avec saint Généreux et saint Victorien, martyrs. — Sainte Blanche, dont plusieurs églises portent le nom. — Saint Mein, honoré à Nailloux, à l'occasion d'une fontaine. — Saint Saturnin, honoré à Suze, qu'on dit avoir été évêque de Toulouse au troisième ou quatrième siècle, et qui fut martyr aussi. Catherine Emmerich en parle dans ses Révélations. — Saint Macaire, honoré à Bordeaux, le 4 mai, qui a donné son nom à une petite ville sur la Garonne et qu'on dit avoir été évêque de Comminges. (*Petits Bollandistes*, P. Cahier.) Ne serait-il pas le vrai patron de Lespugue et d'Escanecrabe, qui honorent saint Macaire l'Ancien ? — Sainte Camelle, la perle du Lauraguais, qui était au Bréviaire de Toulouse. — Saint Bérenger, un moine de Saint-Papoul. — Saint Luperce, patron de la paroisse de Vernet. N'est-il pas le même que saint Luperne, dont le corps était chez les Franciscains de Castelnaudary ? — Saint Audit, patron de Croûte, en Gascogne, qui guérit les sourds. — Saint Maffre, patron de Castelmayran, en Gascogne. — Saint Chaffre (*Theofredus*), honoré autrefois dans l'abbaye de Moissac. — Saint Majan, patron de Lombez, etc, etc. Il y a encore les saintes Innocente et Jucondine, dont les reliques, trouvées récemment dans un mur de la sacristie d'Aurignac avec celles de saint Urbain, par M. l'abbé Andrieux, curé de cette ville, ont été l'objet d'une translation solennelle, au mois de septembre 1878. — Simon Peyronet, dans son *Catalogus Sanctorum et Sanctarum*, donne des indications sérieuses.

Saints abandonnés. — Il y a des saints qu'on a perdu de vue. Je regrette cet aimable saint Alexis, qui avait à la Métropole une chapelle fréquentée des pèlerins. On lui a substitué d'abord saint François de Paule et maintenant sainte Germaine. (Notre-Dame des Anges a été magnifiquement restaurée). — Saint Yves avait une grande fête, tous les ans, à Nazareth ; — saint Nazaire, à Saint-

Il y a enfin quelques autres fêtes, que la piété catholique célèbre partout : les fêtes de la Passion en carême, *Desponsatio B. M. V.* — *Expectatio partus.* — *Auxilium Christianorum.* — *Translatio almæ domus,* saint Gabriel et saint Raphaël. Au mois d'octobre, on a placé les fêtes de la Maternité, de la Pureté et du Patronage de la Vierge. Ces fêtes n'ont guère de raison d'être, semble-t-il, que pour enlever l'office dominical ; c'était l'opinion d'un savant liturgiste. Si on les adopte dans le Propre, on devrait les mettre *ad libitum,* et les omettre tout à fait quand elles sont en occurrence avec une fête double. On pourrait même se contenter de la dernière, en composant l'office des pièces liturgiques de l'ancien Bréviaire de Toulouse, ce qui le rendrait tout à fait local. On garderait ainsi des antiennes et des répons de la plus grande beauté.

Le *Proprium Sanctorum* de Toulouse, on le voit, pourrait être un des plus beaux de France, à la condition, toutefois, que la rédaction soit digne de l'œuvre.

6° **Propre actuel.** — L'administration diocésaine fit imprimer, en 1857, un projet de Propre,

Nicolas ; — saint Placide, à la Daurade ; — saint Front, à la Dalbade ; — sainte Susanne de Babylone, à Saint-Sernin. — L'antique chapelle de saint Saturnin, au Taur, a disparu. Ce saint a pourtant bien des droits sur cette église. — J'ai ouï dire qu'on faisait autrefois la fête patronale de saint Etienne, le 26 décembre, à la Métropole. C'est bien le vrai jour. Le 3 août est moins suivi, et le 7 mai est tout à fait inconnu.

pour le présenter à la Sacrée-Congrégation des Rites. Ce petit volume in-4°, de 106 pages est intitulé : *Proprium Tolosanum Sacræ Rituum Congregationi propositum.* Beaucoup de pièces furent supprimées, oraisons, préfaces, proses, hymnes, litanies (1).

Examinons le Propre actuel.

Il y a cinq grands offices, qui sont : Saint Saturnin, saint Exupère, la translation de saint Etienne, celle de saint Saturnin et l'office des saintes Reliques. Ces offices sont gallicans et ont été tirés, en grande partie, du Bréviaire et du Missel de Paris.

L'office de saint Saturnin : *Mittam ex eis*, à part les hymnes et quelques antiennes, est l'office de saint Denys de Paris ; la messe *Annuntiate* est également la messe de saint Denys (2). Il y a là, qu'on me permette de le dire, une inconvenance. Une église antique, comme celle de Toulouse, ne doit pas répudier ainsi ses traditions, mendier ailleurs la formule de ses prières et de ses chants, et demander

(1) L'auteur de ce receuil cite les sources où il a puisé. Il ne sort pas des liturgies gallicanes, comme s'il n'y avait rien de bon avant le gallicanisme.

Le titre des Propres actuels est généralement celui-ci : *Officia propria.* Il vaudrait mieux mettre comme autrefois : *Proprium Sanctorum diœcesis Tolosanæ.* Le mot *archidiœcesis* n'est dans aucun livre de droit canon, par la raison bien simple qu'il n'y a pas d'*archidiocèse.*

(2) L'oraison de saint Saturnin est banale ; c'est celle qu'on donne généralement, dans les nouveaux Bréviaires, aux premiers prédicateurs de l'Evangile. Il fallait lui garder la sienne : *Omnipotens sempiterne Deus.* La Secrète et la Postcommunion sont tirées de la messe de saint Saturnin, toujours dans le Missel de Paris.

ses meilleurs offices à une liturgie suspecte. C'est un état anormal, singulier, étrange, qui ne durera pas ; tôt ou tard, ces nouveaux offices disparaîtront pour faire place aux offices traditionnels. On entendra de nouveau la prière des anciens âges et les accents oubliés de notre grande église de Toulouse. Paris, je l'ai dit, a quitté sa nouvelle liturgie pour reprendre celle des temps antiques et renouer ainsi le présent avec le passé. Du reste, ces offices nouveaux font un contraste avec les autres ; tous les prêtres en ont fait la remarque aux deux fêtes de saint Saturnin et de saint André ; autant le second office est pieux et touchant, autant le premier est sec et fastidieux. Je comprends les regrets du vieux clergé ; le Bréviaire toulousain fut celui de leur jeune sacerdoce et peut-être de leur âge mûr ; mais nous, qui avons eu le bonheur de ne puiser jamais qu'aux sources romaines, nous sentons un dégoût au parisien.

L'office des saintes Reliques est tiré mot pour mot du Bréviaire de Paris (1). Il y avait pourtant, à Toulouse, un ancien office, dont l'ordonnance est

(1) Cet office parut d'abord dans le Propre de Saint-Sernin de 1759. Ce Propre fut l'avant-coureur du Bréviaire. Les chanoines de Saint-Sernin furent les premiers dans la révolution liturgique. Voyez le Bréviaire de Paris (1726), à l'octave de la Toussaint. — Ce fameux Bréviaire fut publié par Mgr de Vintimille. On sait qu'à son apparition il mécontenta si fort les catholiques, qu'il fallut y mettre au plus tôt des cartons, afin d'effacer certains passages favorables au jansénisme. La première édition est introuvable. Je n'ai pu avoir que la seconde. On la reconnaît à quelques offices qu'on y ajouta, comme celui de sainte Geneviève du Miracle-des-Ardens, au 26 novembre.

celle de l'office de la Toussaint, car ces deux fêtes ont le même esprit. On le faisait au commencement de novembre (1). Je le donnerai plus loin.

Les offices des Translations finissent par disparaître, lorsque ces translations sont très-reculées dans l'histoire et que le peuple n'en a plus aucun souvenir. C'est ainsi que la translation de saint Etienne a disparu dans presque toutes les cathédrales de l'Aquitaine. Dans le diocèse de Toulouse, les deux fêtes du 7 mai et du 25 juin ne font aucune impression. Rien n'empêche de les enlever du Propre, en les conservant toutefois, la première à la Métropole, et la seconde à Saint-Sernin (2). La translation de saint Exupère, qui n'est plus au Bréviaire, est la seule dont le souvenir soit resté ; on la célèbre encore à Blagnac, à Savères et ailleurs.

Tous les pontifes ont le même rang et la même messe : *Elegit eum,* qui est celle de saint Marcel de

(1) La fête des saintes Reliques se fait partout le dimanche dans l'octave de la Toussaint, et non au temps pascal.

(2) On faisait autrefois, à la Métropole, la translation de saint Augustin (28 février) ; celle de saint Benoît (11 juillet) ; celle de saint Martin (4 juillet) ; celle de saint Exupère (14 juin) ; l'invention de saint Jacques (17 mars). A Saint-Sernin, on faisait la translation de saint Jacques (15 octobre), et l'élévation de saint Edmond, saint Claude, etc., (13 novembre). — On sait que les deux chapitres vivaient sous la règle de saint Augustin.

On peut faire la fête de la Translation d'une relique. Les chevaliers de Saint-Jean de Jérusalem faisaient l'office de la Translation de la sainte Main de saint Jean-Baptiste (5 décembre). Propre de cet ordre militaire (1737). — A Paris, on faisait autrefois la fête de la translation du Chef de saint Louis, roi de France (17 mai). Cette fête est célébrée aujourd'hui à l'Université catholique de Lille, où saint Louis est patron de la Faculté de Droit.

Paris (1). On a conservé ainsi le Commun des Pontifes de Toulouse, qui était au Bréviaire gallican. Il vaut bien mieux donner aux évêques les messes du Missel romain, *Statuit* ou *Sacerdotes*. On avait toujours fait ainsi avant la révolution liturgique.

Les deux martyrs saint Papoul et saint Honest ont la même messe *Si consistant,* qui est celle de saint Lambert (17 septembre), dans le Missel de Paris. Cela est agaçant de voir revenir sans cesse la liturgie parisienne.

On a changé arbitrairement les oraisons. Pourquoi enlever à saint Bertrand son oraison, *Deus qui solus bonus es,* pour lui donner celle de saint Charles, *Ecclesiam?* L'oraison donnée à saint Exupère est certainement belle ; mais ce n'est pas la sienne. La plupart des autres oraisons sont nouvelles. C'était donc une manie de changement.

Les légendes ont été prises dans le Bréviaire gallican ; aussi laissent-elles beaucoup à désirer. Il faut en excepter celle de sainte Germaine, qui est très-belle, et celle de saint Louis de Toulouse, qui est tirée du supplément du Bréviaire romain. Quelques-unes contiennent des erreurs (2), et toutes ont besoin d'être retouchées. Ce qui domine dans ces légendes, c'est la sécheresse, la brièveté et parfois l'érudition.

(1) Missel de Paris (1738).

(2) Celles de saint Martial, de saint Saturnin, de saint Papoul, de saint Bertrand, de la translation de saint Thomas, de saint Erembert, etc.

Le lecteur a vu, dans les pages précédentes, un grand nombre de saints qui ont des droits à entrer dans notre Propre. Il résulte, de toutes ces observations, que le Propre de Toulouse doit être non-seulement révisé, mais presque complétement refondu (1).

7° **Formules anciennes.** — Mon intention est de comparer ici les formules de la prière au moyen âge avec les nouvelles formules des Bréviaires gallicans ; cette comparaison établira bien vite la supériorité des premières. Nous admirons, avec raison, quelques offices particuliers du Bréviaire romain, dont les antiennes, de style ecclésiastique, sont ravissantes et pleines d'onction. Nos anciens livres liturgiques contiennent une multitude de pièces de ce genre; ces antiennes et ces répons, si différents de ceux qu'on trouve dans les Bréviaires gallicans, furent composés par des moines, des pontifes et des rois. La mélodie était suave ; de fréquents repos sur la corde finale et sur la dominante, avec une tirade de notes sur le dernier mot, lui donnaient un vague mystérieux et doux.

Le roi Robert composa, en l'honneur des mar-

(1) On a fait sérieusement l'objection suivante, qu'il est fort désagréable pour le clergé d'avoir à abandonner un Propre qui est dans toutes les mains, relié dans tous les Bréviaires, pour en prendre un autre plus long et tout différent. Mais s'il y a des améliorations très-désirables et même nécessaires, ne vaut-il pas mieux les faire toutes une bonne fois, afin de n'avoir plus à y revenir? Les demi-mesures ne valurent jamais rien.

tyrs, ce beau répons, qui est à la fête de la Toussaint, dans le Bréviaire de Toulouse :

*O constantia Martyrum laudabilis, ô charitas inextinguibilis, ô patientia invincibilis, quæ licet inter pressuras persequentium visa sit despicabilis, * Invenietur in laudem et gloriam et honorem in tempore retributionis. ℣. Nobis ergo, petimus, piis subveniant meritis, honorificati a Patre, qui est in cœlis. * Invenietur. Gloria Patri.*

Rien n'empêche de conserver ce répons, en le mettant à l'office des saintes Reliques, ou à celui d'un martyr (1).

L'ami du roi Robert, saint Fulbert, évêque de Chartres, fut un grand musicien et un grand liturgiste ; il composa trois répons de la plus grande beauté pour la Nativité de Marie. Les voici :

*Solem justitiæ Regem paritura supremum, * Stella Maria maris hodie processit ad ortum. ℣. Cernere divinum lumen gaudete fideles.**

*Stirps Jesse virgam produxit, virgaque florem ; * Et super hunc florem requiescit Spiritus almus. ℣. Virgo Dei genitrix virga est, flos Filius ejus. * Et super.*

(1) Le roi Robert assistait un jour à la messe du Pape. Lorsqu'il alla à l'offrande, il présenta, enveloppé dans une étoffe précieuse, son répons en l'honneur de saint Pierre, *Cornelius centurio* : il était écrit sur un beau parchemin et noté de la main du royal auteur. Ce répons est dans le Bréviaire de Toulouse, à la fête du 29 juin. Il est à peu près impossible de le conserver dans le Propre diocésain.

Ad nutum Domini nostrum ditantis honorem, * *Sicut spina rosam genuit Judæa Mariam.* ℣. *Ut vitium virtus operiret, gratia culpam.* * *Sicut* (1).

Le culte de Marie était en grand honneur à Toulouse, car le Bréviaire toulousain est rempli d'antiennes à sa gloire. Il suffit de citer les suivantes.

A l'heure des Complies :

Virgo Maria, non est tibi similis nata in mundo inter mulieres : florens ut rosa, fragrans sicut lilium; ora pro nobis, sancta Dei Genitrix.

Pendant l'octave de l'Assomption :

Gaude Dei Genitrix, Virgo immaculata; gaude quia gaudium ab Angelo suscepisti; gaude quæ genuisti æterni luminis claritatem; gaude, Mater; gaude sancta Dei Genitrix Virgo; tu sola Mater innupta; te laudat omnis factura Genitricem lucis; intercede pro nobis ad Dominum. Alleluia.

Quelquefois, ces antiennes sont rimées, comme celle-ci, de la fête de la Présentation :

Oliva fructifera,
Mater pietatis,
Purgans mundi scelera;
Stella claritatis,

(1) Le premier répons est dans le Bréviaire de Narbonne; les deux autres, dans celui de Toulouse.

Per quam cuncta prospera
Dantur nobis gratis ;
Nos tandem in æthera
Transfer cum Beatis.

Aux fêtes ordinaires de la sainte Vierge, on disait cet invitatoire :

Regem Virginis Filium, * *Venite adoremus* (1).

L'office de l'Invention de saint Etienne a ses répons particuliers et ses belles antiennes, que Toulouse chantait encore au siècle dernier. Simon Peyronet, curé du Taur, dans son édition du Rituel romain (Toulouse, 1670), donne deux de ces antiennes avec leur chant :

Tu principatum tenes in choro Martyrum, similis Angelo, et pro te lapidantibus Christum deprecatus es ; beate Stephane, intercede pro nobis ad Dominum.

Beatus Stephanus, Levita magnificus, sicut ante alios dominicæ passionis et pietatis emicuit imita-

(1) Si j'ouvre le Bréviaire de Toulouse ou celui de Paris, je vois quelques centons bibliques.

A l'Assomption, premières vêpres : *In plenitudine sancta admirabitur, et in multitudine electorum habebit laudem et inter benedictos benedicetur.* Eccli. 24.

A la Nativité : *Domine, sermo quem locutus es David et super domum ejus confirmetur in perpetuum, et magnificetur nomen tuum usque in sempiternum.* 1 Paral. 17.

A l'Annonciation : *Pater misit Filium suum salvatorem mundi; nos ergo diligamus Deum, quoniam Deus prior dilexit nos.* 1 Joan. 4. — Le Propre actuel de Toulouse est ainsi fait.

tor; sic, Domine, apud te pro nobis sit perpetuus intercessor.

Il ne reste plus rien de l'ancien office de saint Saturnin, pas même son antienne populaire, qu'on chantait à Saint-Sernin, tous les dimanches avant la messe, et qui ne fut abandonnée qu'au commencement de ce siècle, car on la trouve notée dans le dernier Processional de la basilique, imprimé en 1780. La voici :

O fortis Athleta, Saturnine Pontifex, qui pro nefanda Capitolii victima tauri meruisti effici hostia Christi; te precamur sancte, ut pro nobis apud ipsum intercedas, qui te digne pro meritis pretioso coronavit martyrio.

Voici le septième répons de l'office de ce saint ; il est tiré de la légende :

*Orante beatissimo Martyre, apparuit ei Angelus Domini dicens : O miles fortissime, ô sacer egregie, viriliter age, quia pro duplicato talenti munere, * Tibi geminata sunt diademata præparata.* ℣. *De vernanti et pretioso lapide immarcessibilis corona, et de sacerdotali infula stola luciflua.* * *Tibi* (1).

(1) Dans le Bréviaire toulousain, voici l'antienne du *Benedictus*, à l'office de saint Saturnin :

Ad supplicium trahebatur ; sed cùm plagis perimeretur, ingemuit et dixit : Domine, manifeste tu scis quia duros corporis sustineo dolores, secundum animam vero, propter timoren tuum, libenter hæc patior. 2 Mach. 6.

Vous devez croire que saint Saturnin a prononcé les paroles qu'on met ici dans sa bouche. Il n'en est rien, et ses Actes n'en disent

A Saint-Bertrand, on chante toujours cet ancien répons, connu de tout le monde, car il est affiché des deux côtés de l'autel du saint :

*Sanctus Bertrandus clemens, dulcisque, benignus, * Prudens et justus, fortis, mistisque modestus. ℣. Solvat vincla reis et reddat lumina cæcis ; infirmos sanet, cunctisque petita ministret. * Prudens. Gloria Patri. * Prudens.*

Tout est là, dans cette vieille prière, les diverses vertus du saint sur la terre, ensuite sa puissance au ciel à l'égard des malheureux.

En voici un autre :

*O felix Pastor, servos audi famulantes. * Erige lapsos, corrige pravos, dirige justos. ℣. Omnia pelle mala ; cuncta precare bona. * Erige.*

Enfin cette antienne :

O pie Bertrande, bone Pastor, Præsul amande ; tuis, venerande Pater, precibus nos protege semper (1).

pas le plus petit mot. Les Gallicans furent bien mal inspirés : ils allèrent chercher dans le second livre des Machabées les paroles d'Eléazar, refusant de manger de la viande de porc, défendue par la loi. Quel raprochement!

(1) Si je prends le Bréviaire de Comminges, je trouve, selon la détestable habitude du Bréviaire de Paris, des antiennes partout variées, aux vêpres et à laudes.

Voici un répons. Ils sont tous de cette couleur : *Dedit Dominus ipsi fortitudinem, et usque in senectutem permansit illi virtus ; ut viderent omnes filii Israel, * Quia bonum est obsequi sancto Deo. ℣. Dominus mihi astitit et confortavit me ; ut per me prædi-*

Saint Exupère avait cette antienne :

O Consors cœlestis gloriæ perennis, præsentem catervam, sanctissime Præsul Exuperi, exorantem impetra tecum regnare : fidelium quoque vota populorum ad summum bonum dirige, eosque Christo cohærere firmiter obtine sedula prece.

Gracieuse antienne de saint Papoul :

O purpurea Martyrum gemma, sante Papule, Martyr inclyte, esto semper propitius, quæsumus, omni huic tuæ familiæ.

Une antienne de saint Antonin rappelle le miracle de cette nacelle qui, poussée par les anges, transporta la moitié de son corps dans la petite ville du Rouergue, qui porte son nom :

Corpus igitur beatissimi Martyris, Christo disponente, duabus in partibus tumulandum, ut a fidelibus susciperetur populis, Angelica cooperante

catio impleatur et audiant omnes gentes. * *Quia.* Eccli. 46; 2 Tim. 4.

L'antienne du *Benedictus* est ordinairement choisie avec soin. Voici celle de saint Bertrand : *Manus suas extulit in omnem congregationem filiorum Israel, dare gloriam Deo a labiis suis et in nomine ipsius gloriari.* Eccli. 50.

Tout cela est bien sec. Avec le système gallican, il n'en pouvait être autrement. — Le dernier Propre de Comminges (1734) entra malheureusement dans cette voie, en remplaçant les antiennes de l'ancien office par d'autres tirées uniquement de l'Ecriture sainte. On n'osa pas cependant supprimer le *Gaudeamus* et le verset alléluiatique de la messe de la fête de l'Apparition.

navigatione, undisque fluminum famulantibus, mirabiliter deductum est.

Antienne des secondes vêpres de saint Front :

Sanctus Apostolus Fronto, hodie absolutus vinculis carnis, magnificat anima sua Dominum in cœlis; cujus precibus ut protegamur petimus ab omnibus adversis, et sociemur æternis gaudiis in cœlis.

Antienne de saint Martial :

O Pastor egregie, ô speculum Præsulum, ô Martialis Doctor et Dux Aquitaniæ, suscipe preces te deprecantium, et intercede pro salute omnium (1).

(1) Plusieurs Propres de France ont mis à profit les belles antiennes du moyen âge. Je dois citer, avant tous les autres, le Propre de Poitiers, qui contient les admirables offices de saint Hilaire, de sainte Radegonde, etc. On y remarque les antiennes *Athleta Dei*, de saint Léger, *Hilarius Pater*, de sainte Abra, *O Rex optime*, de saint Louis, *Clotildis mater patriæ*, de sainte Clotilde, etc.

Le Propre de Paris a les offices de saint Denys et de sainte Geneviève, les antiennes *O dulce decus Parisiorum*, de saint Marcel, etc.

Dans le Propre d'Albi (1856), il y a un bel office traditionnel de saint Benoît.

Dans le Propre de Bordeaux (1877), je ne trouve que les deux antiennes de saint Géraud : *Delectare Aquitania*, et *O Majoris Silvæ custos*.

Le Propre de Saint-Dié (1853) a les offices anciens de saint Gérard, de saint Dié, de saint Nicolas, etc.

Le Propre de Limoges (1877) a le bel office de saint Martial et celui de sainte Valérie, qui sont traditionnels.

Les offices de saint Maurice et de saint Maurille, dans le Propre d'Angers (1878), sont aussi du moyen âge, ainsi que plusieurs antiennes appartenant à d'autres offices.

Toutes les églises, on le comprend, ne sont pas également riches en traditions.

L'église de Lyon est bien riche en saints de toute sorte, principa-

Saint Louis, de Toulouse, saint Cizy, les saintes Puelles, saint Blaise, ont des offices complets dans l'ancien Bréviaire de Toulouse. Les antiennes et les répons sont souvent rimés, afin, sans doute, que le peuple les retînt plus facilement. Mais aux quatorzième et quinzième siècles, on abusa de la rime, au point que le style devenait rude et obscur (1).

Les Communs des saints au Bréviaire et au Missel sont, à peu de chose près, ceux du Romain. Les

lement en martyrs et en pontifes (19 pontifes de Lyon). Le Propre de Lyon (1865) n'a rien de remarquable. Pas une seule antienne traditionnelle. Saint Pothin et saint Irénée ont des offices parisiens. Sainte Blandine elle-même n'a pas une seule antienne propre et spéciale ; tout est du Commun. On disait autrefois : *Sancta Ecclesia Lugdunensis nescit novitates !*

Nota. A peu près, tous les Bréviaires cités dans ce Mémoire appartiennent à notre bibliothèque liturgique de Nazareth. Nous recevons avec reconnaissance les ouvrages ou livres qui pourraient encore l'enrichir.

(1) En voici des exemples : trois antiennes de l'office des saintes Puelles :

Has puellas inclytus
Christus decoravit
Et gemellis editus
Spiritus regnavit.

Rex per istas laudabitur,
Quia fulgent virtutibus,
Naturaque mirabitur
Quantæ sunt in cœlestibus.

Deum cum virginibus,
Populi laudate ;
Cum sanctis virginibus
Polo sunt locatæ.

différences sont légères. L'invitatoire des Vierges est celui-ci :

*Agnum Sponsum Virginum * Venite adoremus Dominum Jesum Christum.*

Voici une antienne du Commun des Vierges :

Accinxit fortitudine lumbos suos et roboravit brachium suum; ideoque lucerna ejus non extinguetur in sempiternum.

Il y a quelques introïts particuliers qui sont vraiment beaux.

Voici celui de saint Roch :

Congratulamini omnes in Domino, diem beati Rochi commemorantes; in cujus commemoratione lætatur Ecclesia, plebs exultat et Angeli dulces dant melodias, dicentes : Gloria tibi, Domine, qui talem virum confessorem elegisti. ℣. *Beati.*

Nos pères aimaient beaucoup l'introït *Gaudeamus;* ils le chantaient aux grandes fêtes de saint Saturnin et de saint Bertrand. Ils l'avaient mis au Commun des Vierges martyres.

Le verset alléluiatique de la messe est quelquefois tout spécial au saint dont on fait la fête. Le Missel romain en donne des exemples, le jour de saint Martin, de saint François, etc. Dans les Missels toulousains, on en voit de semblables.

Voici celui de sainte Radegonde : ce sont les

paroles que Notre-Seigneur lui adressa dans une vision, quelques jours avant sa mort :

Alleluia, Alleluia. Preciosa gemma, noveris in diademate capitis mei te primam esse gemmam. Alleluia.

Il est inutile de citer ici les textes choisis de la sainte Écriture, dont l'application est toujours parfaite (1). On les trouve généralement dans le Bréviaire romain (2).

C'est ainsi que dans la liturgie nous entendons tour à tour la voix de l'Époux et celle de l'Épouse. La parole de Dieu écrite dans nos saints Livres

(1) Nous avons vu les singulières applications que les Gallicans faisaient de l'Ecriture sainte, en mettant dans la bouche de saint Saturnin les paroles d'Eléazar. En voici une plus curieuse : au Bréviaire de Carcassonne (1745), on lit, dans le Commun des Abbés, au capitule de tierce : *Descenderunt multi quaerentes judicium et justitiam in desertum.* 1 Machab. 2. — Si vous allez chercher ce texte dans la Bible, voici la suite que vous rencontrez : *Et sederunt ibi ipsi, et filii eorum, et mulieres eorum, et pecora eorum.* Voilà d'étranges moines avec leurs femmes, leurs enfants et leurs troupeaux !

En 1842, Mgr Gualy, évêque de Carcassonne, changea tout cela, en donnant un nouveau Bréviaire à son diocèse, celui de Toulouse, pour revenir, dit-il, à l'unité provinciale. Il cite en sa faveur plusieurs conciles des cinquième et sixième siècles, laissant de côté, bien entendu, le Concile de Trente, la Bulle de saint Pie V et les déclarations réitérées du Saint-Siége.

(2) Si on veut avoir une idée de la liturgie appelée Romaine-Française, il faut lire le Bréviaire dominicain. Ce Bréviaire est infiniment curieux et, seul, il est resté aujourd'hui ce qu'il était au treizième siècle. On sait que les premières maisons dominicaines furent établies d'abord à Toulouse et à Paris ; c'est là que l'Ordre prit son Bréviaire. Les Franciscains s'attachèrent au Romain pur.

est une parole inspirée; et la parole de l'Église l'est aussi, à sa manière, quand elle adresse à Dieu ses vœux et ses supplications (1).

Après avoir parcouru ce Mémoire, le lecteur dira peut-être que je propose une vraie révolution. Assurément non, ce n'est pas une révolution que je propose, mais bien plutôt la fin de la révolution.

Le premier et le meilleur bénéfice de cette réforme de notre Propre diocésain, sera d'accroître dans le clergé et parmi les fidèles l'esprit de prière, qui est un des plus grands dons du Saint-Esprit.

Enfin, la sainte Église de Toulouse se retrouvera elle-même; elle renouera la chaîne de ses traditions liturgiques; elle rejettera ces fausses couleurs (parisiennes) dont le siècle dernier voulut l'enjoliver, et nous la reverrons avec son antiquité, ses grâces et sa vraie physionomie.

(1) Une objection sérieuse se présente encore ici. Où trouver, dira-t-on, le chant de tant de pièces liturgiques, placées dans le nouveau Propre? — La solution serait-elle difficile, il faudrait la résoudre; mais il n'y a rien qui doive épouvanter, car il ne s'agit ici que des antiennes des vêpres, les seules nécessaires à l'office paroissial. Il suffit d'appliquer des mélodies romaines, soigneusement choisies, aux antiennes dont le chant serait inconnu.

OFFICES DIOCÉSAINS

Dans cette série d'offices, qui regardent spécialement le diocèse de Toulouse, nous allons suivre le courant de l'année ecclésiastique.

Je dois ici faire quelques observations :

1° Je ne donne des offices que les parties propres ou spéciales, comme les légendes, les antiennes, etc. Tout le reste doit être pris au Commun.

2° Je ne m'occupe pas des homélies, ni des leçons du premier nocturne.

3° Les sources seront toujours indiquées. Tout est pris, à peu près, dans la liturgie ancienne de Toulouse. Je fais de légers emprunts aux Bréviaires anciens. Je ne prends quelque chose aux Bréviaires gallicans que lorsqu'il m'est tout à fait impossible de faire autrement, afin de rester toujours traditionnel.

4° Les oraisons ayant été changées systématiquement, je donne les anciennes, et je prends toujours celles du Missel de Toulouse, préférablement à d'autres plus connues et non moins belles.

5° Quoique les antiennes soient en vers et rimées, il a fallu quelquefois les adoucir en élagant des mots incompréhensibles aujourd'hui. Je n'ai pas toujours corrigé le latin du moyen âge.

6° J'ajoute à la suite des offices très-peu de notes explicatives pour ne pas grossir le volume.

7° Il y a d'autres offices qu'on peut mettre dans le Propre. J'ai voulu seulement donner les principaux, ceux qui se rapportent plus spécialement au diocèse.

JANVIER

16. Translation de saint Bertrand. — *Double.*

Ant. O pie Bertrande, bone Pastor, Praesul amande, tu venerande pater, precibus nos protege semper.

Oraison. Deus qui animam beati Bertrandi, Confessoris tui atque Pontificis, charismatum donis, et corporis reliquias frequentibus decorasti miraculis; tribue, quaesumus, ut qui ejus veneramur Translationis memoriam, ejus virtutum merito et intercessione, ad patriam coelestem translati, beatitudine perfruamur aeterna. Per Dominum.

Légende. Civitatem sanctam Jerusalem ex auro et lapide pretioso constructam et ornatam, cujus cives praesentem cernunt Altissimi vultum, incircumscriptum lumen inspiciunt, nullum mortis metum sentiunt, sed perpetuae incorruptionis munere laetantur et gloriantur, beatus Bertrandus gloriosus Christi Confessor, olim Convenarum episcopus, laetus ingredi meruit. Hic cuncta terrena cum despexerit, nunc in coelis triumphat. In saeculi stadio currens, bravium aeternae beatitudinis apprehendit. Armis spiritualibus instructus, integritate scilicet fidei, securitate spei, et charitatis promptitudine salutis hostes fortiter repulit, carnis motus prompte contrivit, ac mundi illecebras sprevit. Dono mansuetudinis clarus, humilitatis gratia, charitate in pauperes, disciplinae zelo, pastorali vigilantia et flore castitatis mandatorum Dei intentus fuit ac sollicitus operator : sicque novit sibi vitae merito proficere, et alios exemplis salubribus erudire.

℟. O quam glorifica Bertrandus luce coruscat. * Et quam magnifica plebs ejus laude resultat. ℣. Nos prece mirifica Deus ejus in astra coronet. * Et quam.

Cum igitur talis ac tantus fuerit Bertrandus, dilexit eum Dominus bonorum operum remunerator. Unde in vita et post mortem ipsum miraculis clarum effecit : eumque in suae consortem haereditatis elegit, ac perennis corona gloriae sublimavit. Verum summus pontifex Clemens V, ejusdem beatissimi Confessoris in nomine consors, quique ipsius fuerat in sede successor, cupiens (ut ipse loquitur) eumdem sanctum quem dominantium Dominus honoris praerogativa sublimaverat in coelis, debita in terris honorificentia venerari, sanctum corpus ejus, de infirmo loco ad celebriorem ad hoc paratum, et in capsam pretiosam cum debita reverentia et honore propriis manibus transtulit, decimo septimo calendas februarii. Praeter multitudinem copiosam fidelium quae ad hanc accurrerat solemnitatem, quinque adfuere sanctae Romanae Ecclesiae cardinales, archiepiscopi et episcopi octo, abbates quinque, qui omnes novum certe festivitate decus addidere.

℟. O pie Confessor a nobis saepe vocatus, * Sis intercessor, nostros solvendo reatus. ℣. Coeli possessor, coelum largire rogatus. * Sis.

Congruum dignumque eidem summo Pontifici visum fuit, ut hujusmodi Translationis commemoratio a Christi fidelibus debita celebritate coleretur : ideoque eam perpetuis futuris temporibus, annis singulis in civitate et diocesi, sub ritu officii duplicis decrevit celebrari. Sed ut fideles eo libentius ad ejusdem sancti reverentiam invitarentur, quo se illius intuitu conspexissent ubertate majoris gratiae foecundari, omnibus vere poenitentibus et confessis et sacra Eucharistia refectis, qui ipsam Convenarum ecclesiam certis quibusdam diebus visitaverint, amplas largitus est indulgentias. Hi autem sunt festivi dies : Depositionis scilicet sancti Bertrandi, ejus Revelationis seu Apparitionis et Translationis ipsius per octo dies. Iis etiam qui eamdem visitaverint ecclesiam, in Purificationis, Assumptionis et Nativitatis beatae Mariae Virginis diebus sacris, et per eorumdem octavas, quamdam de injunctis poenitentiis partem misericorditer in Domino relaxavit. *Proprium Convenarum* (1734).

℟. Sanctus Bertrandus clemens, dulcisque benignus, * Prudens et justus, fortis, mistisque modestus. ℣. Solvat vincla reis et reddat lumina coecis, infirmos sanet, cunctisque petita ministret. * Prudens. Gloria Patri. * Prudens.

Ant. du Benedictus. O Bertrande, Pastor bone, ad coelestis nos coronae introducas bravium. Alleluia.

Ant. du Magnificat. O pie, nos serva, cui psallit populi caterva; hostes enerva, nos protege, nosque guberna.

Messe du 16 octobre.

Oraison. Comme ci-dessus.

Secrète. Adesto, Domine, supplicationibus nostris, quas in sancti patroni nostri Bertrandi Translatione deferimus; ut qui nostrae justitiae fiduciam non habemus, ejus qui tibi placuit meritis adjuvemur. Per Dominum.

Postcommunion. Quaesumus, Domine, salutaribus repleti mysteriis, ut cujus Translationem celebramus, ejus orationibus adjuvemur. Per Dominum. *Proprium Convenarum* (1734).

Cet office serait très-convenable pour l'ancienne cathédrale de Saint-Bertrand. Ce qui manque doit être pris au Commun des Pontifes plutôt qu'au Propre de 1734. Les trois leçons ci-dessus ont été prises dans ce Propre; mais elles sont anciennes, tandis que les antiennes et répons qui les accompagnent ne le sont pas.

23. Desponsatio B. M. V. — *Double-majeur.*

Cet office se trouve au supplément du Bréviaire romain. On y fait ordinairement mémoire de saint Joseph aux deux vêpres et à laudes.

28. Translation de saint Thomas d'Aquin. — *Double.*

Oraison. Deus, qui beati Thomae, Confessoris tui atque Doctoris, gloriosam Translationem novis tribuisti irradiare miraculis : Ecclesiam tuam ejus, quaesumus, attolle praesidiis, cujus salutiferis non desinis illustrare doctrinis. Per Dominum. *Bréviaire dominicain* (1743).

Légende. Doctore Angelico, inter amplexus et lacrymas Cisterciensium Fossae-Novae, e vivis sublato, sacrum ejus corpus ibidem conditum est. Sed Beatus Urbanus Quintus decens reputavit et congruum ut Corpus gloriosi Thomae, qui dum vixit Ordinis Fratrum Praedicatorum sodalis extiterat, quique ob egregiam doctrinam veluti sol universam illustravit Ecclesiam, non apud Cistercienses, sed inter sodales suos requiesceret. Statuit ergo per litteras Apostolicas ut ejus sacrum corpus ad Ecclesiam Coenobii Fratrum Praedicatorum in Urbe Tolosana transferretur, et ibidem honorifice reconderetur. Insuper idem Summus Pontifex Archiepiscopo Tolosano, omnibus Magistris ac Doctoribus, caeterisque Clericis et laicis in Civitate et Provincia eadem commorantibus mandavit ut sacrum corpus, cum ad partes eorum perveniret, debita honorificentia et devotione ab ipsis susciperetur. *Bréviaire dominicain.*

Sed cum esset iter difficile, quia Italiae populi armis decertarent, Generalis Magister Ordinis Praedicatorum, adeo caute se gessit in disponendis ejusdem itineris conditionibus, ut Fratres, quibus arcam in Galliam transferandam commisit, securi metam pertingere possent. Divina visibiliter protegente gratia, Florentiam transgredientes, ubi miraculum accidisse narratur, Bononiam pervenerunt. Dein intra dies decem, tempore hiemali, per Ticinum terrasque Longobardicas transeuntes, omni adversitate mirabiliter propulsa, Sabaudiam attigerunt, et in loco de Rispoli nuncupato substiterunt. Mox ad Monasterium Prulianum provinciae Tolosanae prospere accesserunt, in vigilia Dominicae Nativitatis, ibique sacras exuvias menstruo spatio deposuere. Interim, juxta Beati Urbani quinti praescripta, ab Archiepiscopo, Clero atque Academia Tolosana omnia parabantur quae necessaria erant ad condignam tanti muneris receptionem.

Postea e Monasterio Pruliano, Angelici Doctoris corpus die vigesima sexta Januarii iterum Tolosam versus itineri commissum fuit. Postquam Avenioneti pernoctaverit pia viatorum multitudo, die sabbati Francopoli Missam audivit, iterumque constitit in Monte-Giscardo; ubi sacrarum Reliquiarum contactu foemina senex et paralytica, puerque sudus, mutus et coecus curati sunt. Die Dominica circa auroram, sacrum corpus in sacello de Feretra nuncupato, extra Urbem Tolosanam depositum fuit. Haud facile consequi verbis potest qualis fuerit ornatus quantaque Tolosatium devotio in religiosa hujusmodi pompa.

Perrexit obviam Ludovicus Andegavensis, Caroli Quinti frater, cum pluribus Episcopis regnique principibus, necnon universo Urbis Clero et Magistratu. Populus supra centum et quinquaginta millia effusus; faces ad decem et amplius millia accensae. Miraculorum gloria et sanitatum gratia cumulatam fuisse laetitiam narrant historici. Ecclesia cum Coenobio Praedicatorum in qua ossa veneranda asservabantur, circa finem saeculi decimi octavi sacrilege disturbata, sacra eadem ossa solemniter pro temporum vicissitudine, in Ecclesiam pariochialem Sancti-Saturnini translata sunt, ubi summo cum honore coluntur. *Percin.*

La messe est celle du 7 mars, avec l'oraison ci-dessus.

Depuis la fondation de l'Université catholique de Toulouse, saint Thomas est devenu le patron des étudiants, et Mgr l'Archevêque a rétabli la fête de la Translation, qui se célébrait autrefois dans les églises dominicaines de la ville.

On sait que, le 24 juillet 1878, eut lieu une nouvelle translation des reliques du saint dans une très-belle châsse, en présence de plusieurs évêques et abbés mitrés. C'est la coutume d'insérer dans les légendes du Bréviaire le récit de la dernière translation, en une phrase qui rapporte le fait très-simplement.

Ne pourrait-on pas ajouter un mot à notre légende de la translation? Plusieurs évêques de nos jours l'ont fait ainsi. Propre de Poitiers (1855), au 27 mars; Propre de Blois (1853), au 30 avril.

Les deux dernières leçons de notre légende sont tirées de l'ouvrage de Percin, *Monumenta conventûs Tolosani, Ord. Praed.*, où se lit le récit de la translation, fait par le Frère Raymond Hugues, du couvent de Bergerac, qui était alors le *socius* du Frère Elie, maître général de l'Ordre (pages 211-36).

Percin donne également un office de cette translation, composé par un chanoine de Saint-Pons de Tomières. Cet office n'a rien de remarquable. Voici l'oraison : *Propitiare, quaesumus, Domine, huic Ecclesiae tuae per sancti Thomae, Confessoris tui atque Doctoris, merita gloriosa; ut ejus munita Reliquiis et precibus, ab omnibus semper protegatur adversis.*

28. Mémoire de saint Charlemagne.

Oraison. Deus qui superabundanti bonitate B. Carolum, Confessorem tuum, deposito carnis velamine, beatae immortalitatis gloria sublimasti ; concede propitius, ut quem ad laudem et gloriam Nominis tui honore Imperii exaltasti in terris, pium ac propitium intercessorem habere mereatur in coelis. *Propre d'Albi* (1703).

Dom Guéranger assure qu'avant la Réforme, saint Charlemagne se trouvait dans le calendrier de presque toutes nos églises; plus de trente-deux diocèses célèbrent aujourd'hui sa fête en Allemagne. Quelques-uns de nos Bréviaires la conservèrent jusqu'à la fin du siècle dernier. Je puis citer le diocèse d'Albi, celui de Lombez et celui de Sarlat. Charlemagne a donc été honoré pendant plusieurs siècles, en Languedoc et en Gascogne; il est un des grands bienfaiteurs de ce diocèse par les précieuses reliques dont il l'a enrichi. Ne serait-il pas convenable d'en faire au moins mémoire? Le grand empereur se trouverait à côté d'une jeune enfant, de sainte Agnès ; il prendrait rang après elle, car la vierge romaine l'a précédé au calendrier de plusieurs siècles.

FÉVRIER

3. Saint Blaise, ÉVÊQUE ET MARTYR. — *Semi-double.*

Ant. du Magnificat. Salve, Martyr ; salve, nostra spes et protectio; salva nos a mundi naufragio et, mundatos ab omni vitio, dignos redde tuo consortio.

Ant. du Benedictus. O jubar aeternum, Blasi, sidusque supernum; Regis coelestis, o fortis et inclyte testis ; respice servorum clemens ad vota tuorum et prece nos solita labenti dirige vita. *Breviar. Tolosan.*

Ant. du Magnificat. O fortis athleta ad conspectum Christi, qui cum laetitia victor introïsti; nos ejus populum et oves pascuae in ejus atriis tecum constitue.

Plusieurs paroisses de la campagne ont une grande dévotion à saint Blaise; en plusieurs lieux, ont fait bénir, le jour de sa fête, des fruits et des herbes pour les bestiaux.

Les anciens Missels de Toulouse portent tous la bénédiction suivante :

Adjutorium — Sit nomen Domini — Domini exaudi. — Dominus vobiscum. — *Oremus.* Domine Jesu Christe, vere Deus noster, qui famulum tuum B. Blasium hodierna die martyrio coronasti, te suppliciter deprecamur ut ejus intercessione hos fructus arborum quos tu, Domine, de rore coeli et inundatione pluviarum et temporum serenitate atque tranquillitate, ad maturitatem perducere dignatus es, et dedisti eos ad usus nostros, cum gratiarum actione percipere, et quos devote plebs tua ob honorem tui nominis obtulit be ✝ nedicere et sancti ✝ ficare digneris, ut in quemcumque locum deportati fuerint bene ✝ dicti et sancti ✝ ficati efficiantur, ut omnis iniquitas sive illusio abscedat ab habitaculis eorum et quicumque ex iis acceperint vel gustaverint, invocato nomine Blasii Martyris tui atque Pontificis tua gratia et benedictione repleantur et animae et corporis consequantur medelam, corpora quoque et animas ab omni aegritudine et invaletudine sanos conservet. Qui vivis.

Et benedictio Dei omnipotens ✝ Patris et Filii et Spiritus Sancti descendat et maneat super hos fructus et super nos semper. Amen.

Le 5 février on faisait ainsi la bénédiction du pain de sainte Agathe : — *Oremus.* Bene ✝ dic, Domine, creaturam istam panis, ut sit remedium salutare humani generis ; et praesta per invocationem tui nominis et per merita beatissimae Agathae, Virginis et Martyris tuae, ut quicumque sumpserint ex eo vel in domo sua habuerint, sanitatem animae et corporis tutelam recipiant atque ab ignis incendiis liberentur. Per Dominum. Et bene ✝ dictio Dei omnipotentis, Patris et Filii et Spiritus sancti descendat super hunc panem et comedentes. Amen.

6. Mémoire de saint Alain, ÉVÊQUE.

Ant. du Magnificat. Beatissimus Christi Confessor Alanus plenus dierum et fidei fulgore praeclarus, calcatis antiqui serpentis viribus, hodie felix et victor coelos subiit et gloriosus.

Oraison. Omnipotens et misericors Deus, qui gloriosum Antistitem tuum Alanum ad munus gratiae tuae misericorditer evocasti et ad culmen gloriae tuae mirifice sublimasti ; concede propitius : ut gratiae et gloriae tuae participes fieri ejus meritis et intercessionibus mereamur.

Ant. du Benedictus. O beatum Pontificem et mira pietatis ubertate repletum, qui dum plectendum precibus, eripere non potuit, jam defunctum amovit a stipite et in cellula secum collocans, velut alter Elisaeus, supra exanime corpus incubuit, donec orantis meritis vita mortuo redderetur. *Breviar. Tolosan.*

La légende de saint Alain ou Amand est passablement embrouillée.

Ces antiennes et l'oraison sont dans l'ancien Bréviaire de Toulouse, au supplément. On les chantait à Lavaur, en 1745, car elles sont dans un petit volume publié par Mgr de Malezieu, à l'occasion d'un Jubilé accordé par Benoît XIV.

11. S. Benoît d'Aniane, ABBÉ. — *Double.*

Oraison. Intercessio, du Commun.

Légende. Benedictus Anianensis, Disciplinae Monasticae per totum fere Occidentem instaurator, Patre Magalonensi Comite natus, in aula Pipini Regis disciplinis liberalibus institutus, sub ejus filio Carolo-magno, aliquamdiu in castris et in aula, cum summa laude meruit. Fratri suo undis pene submerso cum tentaret opem ferre, periclitatus et ipse, memor voti quod jam pridem conceperat, spopondit rerum omnium abdicationem. Nec multo post ad Sancti Sequani Monasterium in Burgundionibus se contulit. Ibi, suscepto religionis habitu, abstinentia, humilitate, patientia, paupertatis amore, regulae observantia, rerum coelestium contemplatione, omnibus praefulsit; solo pane et aqua contentus, humi cubans, in oratione pernoctans, frigoraque maxima tolerans. In Abbatis defuncti locum, ob singularem doctrinam et eloquentiam, jamjam substituendus, abscessit in patriam : et in paterno solo excitata cellula ad rivum Anianum prope Sacellum Sancti Saturnini cum Fatribus aliquot in summa rerum penuria victuque parcissimo, quem labore manuum agrorumque cultura sibi comparabat, sanctissime vixit.

Verum confluentibus ad eum undique Discipulis, Monasterium aliud, in loco spatiosiore (nunc in urbe Aniana) aedificare coactus est; in quo trecenti Monachi et amplius congregati divinae Psalmodiae, et Scripturarum intelligentiae vacabant : ex quibus plurimi in Episcopos et Abbates delecti sunt. Complures genere nobiles Christo peperit, in primis Guillelmum illum Aquitaniae Ducem et Comitem Tolosanum qui postea in valle Gellonensi Monachus factus est. Cum dira fames regionem depopularetur, seposita in suorum usus frumenta non semel in pauperes erogavit : quod quidem Deo fuisse gratissimum, miracula comprobarunt. Felici Urgelitano et Elipando Toletano, qui Christum secundum carnem Filium Dei adoptivum seu nuncupativum dicentes, Nestorianam haeresim suscitare videbantur, et voce et scriptis obstitit. Concilio Francofortiensi interfuit, ubi noxium illud dogma damnatum est, plurimosque eo infectos ad saniorem mentem revocavit. In Synodo Urgelitana multum egit apud ipsum Felicem, ut errorem abjiceret ; qui Aquisgranum in conventum Episcoporum veniens, tandem plene convictus, Christum secundum utramque naturam, verum unicumque Dei Filium confessus est.

Collabentem in Occitania, Aquitania, et tota Gallia Meridionali Disciplinam Monasticam, ope divina adversus malevolos adjutus, restituendam curavit. A Ludovico Pio Imperatore et Francorum Rege accitus, ductis ab Anianensi Coenobio monachis, transtulit se in Monasterium Sancti Cornelii ad Indam, non longe ab Aquisgrano, quod Imperator aedificandum curaverat, ut ejus ope et consiliis uteretur. Plurima Monasteria in Galliis et Germania, Imperatoris jussu reformavit, quaedam de novo fundavit. In Concilio Aquisgranensi genuinum Regulae sensum, editis eximiis statutis, explicuit. Plura erudite scripsit, inter quae eminet Concordia Regularum. Officii Divini recitationem nunquam intermisit, etiam acutissima febre correptus, et ipsa instante morte. Psallensque cum Fratribus ad haec verba : Fac cum servo tuo secundum misericordiam tuam, annum agens septuagesimum, animam Deo reddidit, tertio Idus Februarii, anno Christi, octingentesimo vigesimo primo, in Indensi Monasterio, ubi corpus ejus requiescit. *Ex vita ipsius per S. Ardonem.*

MARS

1. Saint Aubin, ÉVÊQUE. — *Double.*

Oraison. Da, quaesumus, omnipotens Deus : ut beati Albini Confessoris tui atque Pontificis, veneranda solemnitat et devotionem nobis augeat et salutem.

Légende. Albinus, claro genere apud Venetos in Britannia minori natus, ut Christo adhaereret, relictis a puero parentibus, in Tintillacensi monasterio religiosae vitae institutum ardenter amplexus est. Ibi omnium virtutum genere, sed obedientia potissimum et humilitate claruit; cum salva morum comitate, nihil sibi de nobilitatis juribus vindicans, omnibus se libentissime subderet. Accedebat pia in edomando corpore crudelitas, atque in frenandis, jejuniorum, vigiliarum et orationum ope, cupiditatibus invicta constantia. Anno aetatis quinto et trigesimo, ejusdem monasterii Abbas creatus, illud singulari vigilantia rexit annos quinque et viginti, nulla omnino re praetermissa, quae ad regularis disciplinae integritatem pertineret.

Exinde longius diffusa virtutum fama, Andegavensi Ecclesiae, multum licet repugnans praepositus, in eo munere ita se gessit, ut gregi suo semper intentus, pauperes pascere, aegros invisere, redimere captivos, caeteraque christianae charitatis officia exercere non desisteret. Ecclesiasticae disciplinae vindex ac propugnator exstitit acerrimus. Cumque nec potentiorum gratia flecti, nec regum potentia frangi posset, pro eo quo vehementer ardebat martyrii studio, maximis perfunctus laboribus et aerumnis, in capitis discrimen plerumque venit. In id autem prae coeteris incubuit, ut incestarum nuptiarum scandala quae passim percrebuerant, tollerentur; tantique criminis reos prosecutus, multas adiit synodos; et in concilio Aurelianensi tertio, in primis auctor fuit, ut, condito in eam rem canone, gravissimis poenis coercerentur.

Cum nonnullos in eo vitio insordescentes a communione segregasset, aliorum Episcoporum auctoritate aegre adduci potuit, ut eos absolveret. Quod tamen cum invitus fecisset, unus ex eorum numero, antequam eulogias in signum restitutae communionis acciperet, occulto Dei judicio exspiravit. Multis non modo per vitam. sed et post mortem, claruit miraculis. Adolescenti mortuo vitam, plurimis coecis visum reddidit; daemones ex hominum corporibus ejecit. Anno tandem aetatis octogesimo, initi autem pontificatus vigesimo, mense sexto, Kalendis Martii felicem animam Deo reddidit. Corpus ejus sepultum est in basilica sancti Petri : unde haud multo post ab Eutropio successore et sancto Germano Parisiensi, aliisque provincialibus Episcopis, in basilicam sancti Stephani, quae postea Albini nomine celebris fuit, translatum, multis in translatione editis miraculis. *Propre d'Angers.*

Messe *Statuit.*

18. Saint Gabriel, Archange. — *Double-majeur.*

Cet office est dans le supplément du Bréviaire romain.

L'ancien Bréviaire de Toulouse a un office de saint Gabriel, qui pourrait être très-avantageusement placé dans notre Propre, si nous n'avions pas le romain. C'est la même manière, et quelquefois les mêmes antiennes, tirées de la sainte Ecriture, excepté la dernière du *Magnificat* des secondes vêpres. La voici avec l'oraison :

Ant. O Gabriel Archangele, qui Praecursorem Domini Baptistam nasciturum indicasti, Dei Filium incarnandum nuntiasti, natum Christum pastoribus revelasti, Magos ne ad Herodem redirent revocasti, Joseph ut in AEgyptum cum puero et Maria fugerent monuisti, et Jesum in agonia orantem confortasti, et ipsum resurrexisse a mortuis intimasti ; nos, oramus, tuis adjuva precibus, quem ad tanta praesagia praeelegit Altissimus.

℣. Gabriel Angelus locutus est Mariae dicens.

℟. Ave Maria gratia plena Dominus tecum.

Oraison. Deus qui ad annuntiandum Incarnationis Christi Filii tui Domini nostri mirabile sacramentum, beatum Gabrielem Archangelum praeeligere voluisti ; concede propitius : ut ipse pro nobis apud te sit intercessor in coelis, cujus praeconia laeti commemoramus in terris.

Ne pourrait-on pas garder, dans le Propre, cette antienne et cette oraison comme souvenir de notre antique liturgie toulousaine ?

22. Saint Paul-Serge, ÉVÊQUE. — *Double.*

Ant. O Paule inclyte, quondam Proconsul, post Pontifex benigne : te devote precamur, ut tuis fulti precibus, a malis semper liberemur criminibus.

Oraison. Deus, qui es gloria Confessorum, splendorque sanctarum animarum, vota nostra placatus suscipe, et Confessoris tui atque Pontificis Pauli meritis, ab omni perturbatione fac nos permanere illaesos, atque pervenire ad honores aeternae vitae repromissos.

Légende. Paulus, primus Narbonensis episcopus, clarissimis ortus est natalibus, patre Sergio et matre Eustorgia. Liberalibus disciplinis Romae instructus, ita profecit ut ab omnibus nimio diligeretur, et Imperatori adeo fuit gratus ut illum Proconsulatus honore sublimaret. Prudentissimus Paulus, suscepta Cypri potestate, cum insulam strenue regeret, audita Apostolorum Pauli et Barnabae fama, utrumque accersiri jubet, ut quod esset Evangelium Christi fideliter probando reperiret. Ut cognovit Christianae fidei veritatem, contempta saeculi dignitate et spretis omnibus mundi negotiis, rediens Romam, Jesum Christum Dominum publice praedicabat. Hunc Deum et homniem vere Dei Filium asserebat, Deos autem gentium nihil divinitatis habere. Paulo in carcere posito, conveniebant illuc undique infirmi et sanabantur, coeci recipiebant visum, auditum surdi, gressum claudi.

℟. Egregius puer Paulus peractis infantiae rudimentis, * Continuo a parentibus traditur studiis liberalibus pleniter imbuendus. ℣. Operante igitur divina gratia, quae sibi illum providebat, Apostolatus causa Martyrem dedicare post infantiae rudimenta. * Continuo.

Post multa passus, ordinatur Episcopus et venire ad Gallias jubetur, ut dura ad credendum hominum corda emolliret et suave Domini nostri Jesu Christi jugum suscipere virtutum suarum mirabilibus persuaderet. Cum ad civitatem Biterrensem advenisset, primum ibi in cathedra episcopi sedit, altare consecravit, sancta mysteria ordinavit et populum Deo illic habitantium acquisivit. Erat tunc Narbona omnium Galliarum civitatum nobilissima, opibus ditissima, arboribus nemorosa, aquis irrigua, prole foecunda ; haec civitas, quae adhuc diversorum templorum pollebat cultu, legationem misit ad Paulum, ejus religionem habere desiderans. Ipse, accepta Narbonensium legatione, ut bonus pater, eis festinanter occurrere voluit, quatenus eos a laqueis erueret inimici et filios Dei sectando justitiam constitueret.

℟. Gloriosus vir Paulus, postquam Christianae fidei cognovit veritatem, contempta saeculi dignitate, * Rediens Romam Jesum Christum publice praedicabat. ℣. Cognita vir insignis Paulus Christianae religionis integritate, spretis omnibus mundi negotiis, soli Deo vacare studuit, et ideo, * Rediens.

Itaque ordinato in locum suum Aphrodisio Episcopo, ad hanc urbem pervenit et primo parvum oratorium fundavit ; deinde verba salutis multitudini nuntiavit. Crescente discipulorum numero, trans pontem alteram ecclesiam construxit in almae Dei Genitricis honore. Demum, sanctus vir, plenus dierum, clarus miraculis et attritus laboribus, in pace requievit, gloria coronatus. Sacrum ejus corpus in Ecclesia Beatae Mariae conditum, variis aegrotantium votis honorabatur. Sed labente saeculo decimo octavo ab impis homnibus, e capsa extractum, igni traditum fuit. *Breviar. Narbon.*

℟. Paulus Narbonae deditus, Jesu Christo obediens, Narbonam adiit coelitus. * Suum obitum praesciens. ℣. Deprecatus ab obviantibus, Datus, inquit, sum Narbonensibus. * Suum, Gloria Patri. * Suum.

Ant. Benedictus. O magnum fidei fundamentum, Praesulem Paulum, quem quia Narbonensium populus primum concupivit habere patrem, hunc post magna laborum certamina, susceptum in aethera modo se congaudet amplecti intercessorem magnifica coronatum gloria.

Ant. Magnificat. Athleta Christi, sancte Paule, certamen bonum certasti, Christum semper in pectore bajulasti ; cujus gloriam hodie feliciter ingressus es, cum Angelis in aeternum sociatus exultas. Alleluia. *Ibidem.*

Cet office est tiré de l'ancien Bréviaire de Narbonne (1602). On ne trouve pas saint Paul-Serge dans les anciens livres toulousains.

Dans le Propre actuel de Carcassonne, l'office est parisien.

AVRIL

25. Mémoire de saint Phébade, ÉVÊQUE D'AGEN.

Oraison. Da, quaesumus, omnipotens Deus, ut beati Phaebadii, Confessoris tui atque Pontificis, veneranda solemnitas et devotionem nobis augeat et salutem.

Légende. Phaebadius, mediante saeculo quarto, Aginnensis episcopus, in Aquitania natus, omnes haereticos, maxime Arianos, quamdiu vixit, non destitit profligare. Sulpicio Severo perfectionis elementa tradidit, et cum sanctis Hilario et Ambrosio fraterna caritate conjunctus est. Secundam fidei formulam Sirmiensem respuit et damnavit. Synodo Ariminensi cum pluribus Galliarum episcopis interfuit. Sublata libertate ac vi retentis episcopis, invicto animo omnes Arianorum impetus sustinuit, professus malle se exilium et mortem pati quam errore foedari. Conciliis Valentino et Caesaraugustano praefuit. Denique cum per annos quadraginta Aginnensem rexisset ecclesiam, laboribus consumptus obdormivit in Domino. Sancti Phaebadii corpus multo tempore apud Petrocoricos jacuit; deinde translatum est in ecclesiam de Benerkis, dioecesis Tolosanae, ad fluvium Aurigerum, ubi religiose asservatur. *Propre d'Agen*.

La légende du Propre actuel est trop longue. Elle est tirée du Bréviaire toulousain, où elle formait deux leçons assez longues.

L'oraison *Omnipotens* suppose un office solennel. Dans ce cas, si on ne fait que mémoire, on prend l'oraison commune.

30. Saint Eutrope, ÉVÊQUE ET MARTYR. — *Double*.

Oraison. Omnipotens sempiterne Deus, lux indeficiens, immensa pietas, qui hunc diem beati Eutropii, Martyris tui atque Pontificis, honore consecrasti; exaudi populum tuum tibi supplicantem, et praesta; ut, ejus meritis, supernis sedibus mereamur adjungi. *Brev. Tolos.*

Légende. Eutropius, primus Santonensis Episcopus, ex nobilissima inter Persas prosapia originem duxisse traditur, et ab ipso juventutis flore Graecis Chaldaicisque litteris strenuam operam impendisse; unde ad liberales omnes disciplinas facilem sibi viam reseravit. Cum vero plura discendi cupiditate semper aestuans, varias orbis suscepisset peregrinationes, divini luminis radio ad veri notitiam accersitus, mundi compedibus se expedivit, et majores divitias thesauro AEgyptiorum aestimans improperium Christi, fidem Evangelii amplexus est.

Romam profectus, a Beato Clemente, Romano Episcopo, sacris initiatus, tum ab eodem Pontificalis Ordinis gratia consecratus, directus fuit in Galliam; cumque apud Santones sedem fixisset, exundantis doctrinae efficacia, vitae sanctitate ac fulgore miraculorum ad instar solis coruscans, totam hanc Provinciam Evangelica fide collustravit, ipsamque Principis Sanctonum filiam sacro fonte ablutam, ad servandae virginitatis perpetuae propositum adduxit. Tandem impleto sui officii ordine, peracta in incredulis praedicatione, insurgentibus paganis, quos auctor invidae credere non permisit, illiso capite victor occubuit : quod genus mortis saeculorum lapsu obliteratum, ita traditur revelatum.

Post multa annorum spatia, in ejus honore basilica aedificata est. Expleto opere, Palladius, qui tunc Sacerdotalis Ordinis Cathedram regebat, convocatisque Abbatibus, sacros cineres in locum quem praeparaverat, transferri studuit : quod cum factum fuisset, duo ex Abbatibus reserato opertorio, sanctum corpus aspiciunt, contemplanturque cicatricem capitis, qua in parte defixum fuerat securis acumen. Sed ne praèsens visio duceretur in irritum, etiam haec spiritualis doctrina commonuit, illis scilicet apparuit nocte sequenti Eutropius dicens : Per cicatricem quam contemplati estis in capite, scitote me consummasse Martyrium. *Propre de Montauban.*

Messe *Protexisti me*, du temps pascal.

Oraison. Comme ci-dessus.

Evangile. Nihil est opertum.

Secrète. Munera tibi, Domine, quae pro sancti Martyris tui atque Pontificis Eutropii passione deferimus; quaesumus, ejus obtentu nobis proficiant ad salutem.

Postcommunion. Clementissime Deus, Pater omnipotens, qui, ob memoriam pretiosissimae passionis Domini nostri Jesu Christi Filii tui, gloriosum Pontificem tuum Eutropium per manus crudelium paganorum ad agonem martyrii pervenire fecisti; concede nobis, supplicibus tuis et praesta, ejus suffragantibus meritis et intercessione, sanitatem animarum et corporum in praesenti saeculo, et gloriam in futuro. *Missal. Tolosan.*

30. Memoire de saint Raymond de Fitero, ABBÉ.

Oraison. Deus qui beato Raymundo, Abbati, praeliari praelia tua et fidei inimicos superare dedisti; concede, ut ejus nos intercessione muniti, ab hostibus mentis et corporis liberemur. *Propre d'Espagne.*

Légende. Raymundus in oppidulo Sancti-Gaudentii, dioecesis Convenarum natus a teneris annis, superno spiritu afflante, in solitudinem se recepit, et deinde institutum Cisterciensium amplexus est. Abbas monasterii beatae Mariae de Fitero constitutus, verbo et exemplo ad omne opus pietatis suos induxit alumnos. Calatravam a Mauris tuendam de manu Sanctii, Castellae regis, suscepit, copiosum exercitum fidelium collegit, et, peritia rei militaris mirabiliter pollens, Saracenos fugavit, multasque urbes expugnavit. Novo et usque ad ea tempora inaudito exemplo Raymundus monachatui militam conjunxit : Ordinem militarem de Calatrava nuncupatum et in tota Europa celeberrinum, ac a pluribus summis pontificibus approbatum, instituit sub regula, legibus et visitatione Cirterciensium. Tandem vir sanctus, post multas victorias, plenus dierum et virtutum, anno salutis millesimo centesimo sexagesimo tertio, animam emisit, multis post mortem miraculis insignis. Sacrae ejus exuviae Toletum translatae sunt. *Ibidem.*

MAI

1. Mémoire de saint Théodard, ÉVÊQUE.

Oraison. Da, quaesumus, omnipotens Deus, ut beati

Theodardi, Confessoris tui atque Pontificis, veneranda solemnitas, et devotionem nobis augeat et salutem.

Légende. Theodardus, Aquitanus, nobilis prosapiae e Montis-Aurioli dynastis ortum ducens, primum clericali militiae nomen dedit Tolosae. Adolescens, primae aetatis impetus studio disciplinae, necnon jejuniorum et orationum frequentia ita cohibuit, ut nihil unquam admiserit, quod sanctitati et castimoniae officere potest. Factus archidiaconus Ecclesiae Narbonensis, quasi lumen e tenebris prolatum, seipsum praebuit exemplum bonorum operum, in horariis precibus recitandis, in jejuniis, in vigiliis et eleemosynis; tandem, mortuo Sichebodo, Narbonensi Metropolitano, in ejus locum suffectus est. Saracenis patriam populantibus, totum se effudit in alimonias pauperum et redemptionem captivorum, ita ut consumptis propriis facultatibus, etiam multa Ecclesiae vasa distraxerit. Illius bona opera Deus multis miraculis illustravit. In febrim incidens ad natale solum deferri voluit, in monasterium sancti Martini; ubi ingravescente morbo et facta exomolegesi, coelo receptus est, Kalendas Maii. *Propre de Montauban.*

2. Apparition de saint Bertrand. — *Double.*

Oraison. Concede, quaesumus, omnipotens Deus, ut qui sancti Bertrandi Confessoris tui mirabilem Apparitionem solemni celebramus officio, ab hujus vitae angustiis captivitate peccati, ipsius intercessione, liberemur. Per Dominum.

Légende. Dum vivebat beatissimus Pater noster Bertrandus, et populum sibi commissum sanctissimis regebat institutis, exorto bello Convenarum inter et Bigorrae comites, ab excurrentibus hostibus tanta depopulatio circumjacentibus civitati huic Convenarum locis illata est, ut vastatis agris, et abductis armentis pecoribusque, et caeteris ad alimenta et agrorum culturam necessariis, ad extremas usque inopiae angustias civitatis et regionis incolae adigerentur. Hac tanta suorum calamitate totis commotus visceribus sanctus Antistes, ducem hostilis exercitus, qui Sancius de Parra dicebatur, supplex adire parat, si qua tandem via animum hostilem ad copiosae praedae restitutionem inflectere valeat. Sed cum intelligit a victore supplicationes despici, confidentiori affectu ad misericordem Deum vota convertit, nec frustra : subito enim divino afflatus spiritu, sic Sancium affatus dicitur : Cede, Sanci, cede Deo cujus nomine haec a te expeto; futurum est enim, ut et tu graviori aliquando calamitate oppresssus, divinam sis imploraturus opem, et per me tibi aderit clementissimus Deus, si tamen ad commiserationem in hac meorum calamitate cor tuum inclinari permittas. His verbis attonitus Sancius, totus subito mutatus in alium, benigniusque exceptum sanctum episcopum, cum armentis et spoliis, laetum ad suos dimittit.

Interim moritur Bertrandus, ceoloque inter angelorum exceptus, non immemor est eorum quae prius constitutus in terris promiserat, ut rei probavit eventus. Misso namque Sancio in auxilium cum copiis ad Alfonsum V Aragoniae regem, qui bellator ideo dictus est quia perpetuo cum Saracenis bello conflictabat, accidit ut commisso praelio christianus superetur exercitus. Occumbit Alfonsus cum multis millibus, multo plures captivi adducuntur, inter quos et ipse Sancius. Dum autem rex saracenus parat captivos in ultra marinas partes ad graviora vel vincula, vel onera, spe omni praecisa libertatis, transmittere : eadem ipsa nocte quae praecedebat diem transmigrationi praefixam, Sancio moerore magis quam somno oppresso apparuit beatus Bertrandus, excitatumque jubet ipsum praeeumtem sequi. Illico solvuntur sponte vincula; progredientibus, tum carceris, tum urbis ultro aperiuntur januae, et intra ejusdem noctis spatium, e maritimis prope Aragoniae regionibus ad eam Pyreneorum montium partem, quae de Esquito in Aspa vocatur, transferuntur. Tum sanctus Antistes : En, inquit, Sanci, e vinculis ereptus, tuae genti tuisque restitutus es; sic per me dignatus est complere clementissimus Deus quae per me olim tibi promiserat : disce igitur proprio experimento, et per te discant alteri, quam bonus est in eos qui erga fratres misericordes sunt.

Cito percrebuit tanti miraculi rumor : ipse enim Sancius

ad civitatem Convenarum, voti et gratitudinis causa, illico accurrens, et profusis lacrymis sepulchro amantissimi liberatoris venerabundus accumbens, non minori pietatis quam admirationis affectu rem totam narrabat; nec semel, aut iterum, sed quotannis, quamdiu vixit, pari gratitudinis motu, huc peregre accedens, confirmabat. Hinc cito ad circum positas gentes tam mirificae liberationis fama pervolans, mirum quantum pietatis ardorem erga beatissimum patrem nostrum Bertrandum accenderit; nec sine fructu : plurimos enim sancti praesulis invocatione ab aerumnis, aut etiam vinculis iniquis constrictos modo prorsus mirabili liberatos fama et monumentis fertur non dubiis. Ut autem tantae populorum satisfieret, in officio canonico instituta est commemoratio solemnis sub nomine Revelationis seu Apparitionis sancti Bertrandi, ipsa die secunda maii, qua die accidit Sancii liberatio. Quam commemorationem Clemens papa quintus, qui et ipse Convenarum episcopus fuerat, remque totam probaverat, proprio officio sub ritu duplici celebrari praecepit. Insuper et illud addidit, ut quoties festum Inventionis sanctae Crucis inciderit in feriam sextam, a primis vesperis festi supradictae Revelationis, usque ad secundas vesperas inclusive festi Inventionis sanctae Crucis bullam Jubilaei edidit, qua fideles ad hanc ecclesiam accurentes, rite confessi et sane Christi corpore refecti, plenissimam peccatorum obtinerent indulgentiam. *Proprium Conven.* (1734).

Cet office est pour l'ancienne cathédrale de Saint-Bertrand. Les antiennes et les répons comme au 16 janvier. Messe du 16 octobre. Au verset alléluiatique, au lieu de *Requievit*, on dit *Apparuit*.

2. Mémoire de l'Apparition de saint Bertrand.

Ant. O pie Bertrande, bone Pastor, Praesul amande, tu venerande Pater, precibus nos protege semper.

Oraison. Concede, quaesumus, omnipotens Deus, ut qui sancti Bertrandi, Confessoris tui, mirabilem Apparitionem commemoramus, ab hujus vitae angustiis et captivitate peccati, ipsius intercessione, liberemur.

Ant. O Bertrande, Pastor bone, ad coelestis nos coronae introducas bravium.

L'ancienne église de Toulouse faisait mémoire, tous les ans, de l'Apparition de saint Bertrand.

4. Mémoire de saint Macaire, ÉVÊQUE.

Oraison. Exaudi, Domine, preces nostras; et, intercedente beato Macario, Confessore tuo atque Pontifice, supplicationes nostras placatus intende.

On croit que ce saint a été évêque de Comminges. Il fut obligé de quitter son diocèse, et il vint évangéliser, le long de la Garonne, les populations voisines de Langon. Il a donné son nom à la petite ville qui est sur la Garonne, un peu au-dessous de la Réolle.

7. Saint Orens, ÉVÊQUE. — *Double.*

Oraison. Deus qui beatum Orientium, Pontificem, familiae tuae dignum contulisti praesse pastorem; da nobis in ejus solemnitate, exultantibus patrociniis ipsius gloriari, quatenus ab omni vitiorum labe mundati, mereamur in coelestibus cum eo perenniter gloriari.

Légende. Orientius Loreti prope Oscam in finibus Aragoniae, piis parentibus Orientio et Patientia natus, a teneris annis pietatis officiis et litterarum studio tam sedulo operam dedit, ut multum brevi tempore in eis profecerit. Verum ad perfectionis viam a Deo vocatus, Angeli monitu, Levitanam vallem in montibus Pyrenaeis Bigorritanae dioecesis sitam petiit, ut ibi consortio hominum semotus, libentius Deo deserviret. Audita Orientii fama, multi infirmitatibus afflicti ut sanarentur ad eum undique adventabant, qui precibus ejus, post monita salutis aeternae, curabantur. Ne autem, distractione externorum operum, charitas ejus excideret, sublimem conscendit rupem. Ibi vigiliis, jejuniis, et afflictioni corporis totus incumbens, quotidie Psalterium recitabat.

Interea Ursiniano Episcopo Auscitano vita functo, Clero et populo pro electione successoris in ecclesia orationibus et vigiliis Deum invocantibus, vox de coelo audita est Orientium Episcopum proclamans. Nec mora, ad famulum

Dei missi sunt qui divinam revelationem aperirent, eum Auscos adducturi. Orientius vero fugam parans, reluctantibus illis ne voluntati divinae resisteret, Deum enixe rogavit ut nutum suum apertius manifestare dignaretur. Accidit autem ut baculus quem manu gestabat in terra defixus, statim arboresceret, ramos expanderet, et multis viresceret foliis. Quo viso miraculo, collum jugo praestare non timuit et cum Auscos appropinquaret, obviante populo, quotquot infirmi erant pristinae sanitati sunt restituti. Pastoralia munia tota mente obiens, inter caetera, idolatriam, quae in pluribus dioecesis partibus adhuc vigebat,destruere conatus, falsorum deorum fana et ex illis primum Apollinis, quod prope Auscos in monte dicto Nerveva erat, subvertit, et in ejus locum templum in honorem sanctorum Cyrici et Julittae Martyrum, Deo consecravit.

Cum pastoris vigilantissimi munus exerceret, multos, quos impius Arii error deceperat, Ecclesiae restituit. Legationem cum aliis Episcopis catholico dogmati addictis, ad Aetium Romanorum ducem sucepit, ut inter eum et Theodoricum Visigothorum tum Tolosano regno imperantem pax sanciretur. Deinde ad sedem reversus, obiit Auscis; ubi ejus sanctitatis fama adeo claruit, ut inter civitatis patronos fuerit annumeratus. Super sancti Praesulis tumulum ecclesia erecta fuit, cum coenobio, quod monachis Cluniacensibus traditum fuit incolendum. Ibi ejus reliquiae summa reverentia habitae sunt. Pars earum anno trecentesimo quinquagesimo quarto supra millesimum urbi Tolosae concessa est, ubi religiose depositae sunt in ecclesia sancti Pontificis nomine insignita. *Propre d'Auch.*

Oraison. Comme ci-dessus.

Secrète. Respiciat, Domine, clementia tua nostras misericorditer preces; ut per hanc oblationem quae tibi suppliciter beatus offert Orientius, emendationem nobis peccatorum et veniam operetur; in cujus etiam honore altari tuo largitate pietatis tuae consecranda imponitur.

Postcommunion. Precibus nostris, Domine, benignus intende, et tuae benedictionis gratiam largiter impende;

ut qui beati Orientii solemnibus festis interesse laetamur, et temporalibus subsidiis ipso opitulante vegetemur, et tecum sempiternis in aevum gaudiis perfruamur. *Missale Tolosanum.*

Messe *Sacerdotes.* Evangile *Vigilate.*

14. **Saint Erembert,** ÉVÊQUE DE TOULOUSE. — *Double.*

Oraison. Deus, qui ad gregem Tolosanum pascendum verbo et exemplo beatum Erembertum, Confessorem tuum, ad Pontificiam dignitatem sublimasti : concede, ut ejus suffragantibus meritis ac dirigentibus monitis adjuti, coelesti pabulo perenniter nutriamur. *Propre de Toulouse* (1744).

Légende. Erembertus, in vico Pinciacensi natus, prope Sequanam, mirabilis sanctitatis vir extitit. Spretis saeculi rebus, Fontanellae, monasticum habitum induit, ibidemque sub Vandregisili disciplina tantum in rebus spiritualibus progressum fecit ut, jussu Regis Clotarii et populi electione, Tolosanae urbis ordinatus sit Antistes ; ubi sanctae religioni, castaeque conversationi, ac imitandae humilitati, continentiae quoque laudandae, lectioni sacrae atque praedicationi summopere impendere, et ad instar magnae lampadis, lumine suorum meritorum, in domo Domini fulgere visus est.

Vitae ejus merita virtutum miraculis signata sunt. Nam, apud fratrem aliquando commoratus, incendium repente subortum extinxit; Antistes baculum suum pastoralem extemplo obviam flammae furenti direxit, deinde prostratus orationi incubuit et statim incendium vim furoris sui amisit; inde lacrymae populi versae sunt in gaudium et moeror exultationi dedit locum.

Verum ad amicam solitudinem, abdicata Dignitate, revertere constituit. Secessit ad monasterium Fontanellae, factus iterum monachus, ut sepultus cum Christo delitesceret. Ibi sub Lamberto Abbate in sancta conversatione consenuit et languore contracto decubuit. Quo ad extrema perductus, inter divinas laudes et colloquia dulcia, exhortationesque jucundas, Viaticum sumens, ac vexillo sanctae Crucis se muniens, ultimum valefaciens fratribus, feliciter migravit ad Christum, pridie idus Maii. *Bolland.*

Messe *Statuit.*

J'ignore pourquoi saint Erembert a été placé au 24 octobre; son natalice est au 14 mai, selon la légende, et rien n'empêche de l'y mettre. On faisait autrefois la fête de sa translation au 30 avril. (Vid. Ferrari dans son *Martyrologe.*) Selon Peyronet, on en faisait mémoire anciennement le 9 mai. Il n'est pas dans les livres du moyen âge.

J'ai déjà observé qu'on a donné mal à propos le degré de *double-majeur* à tous les évêques de Toulouse. Je suis ici, pour leur office et leur messe, les anciens Propres toulousains.

Quant à saint Sylvin (17 février), je ne le mentionne même pas, car il est très-probable qu'il n'est pas même né à Toulouse, et il n'y a absolument rien dans le diocèse qui rappelle son souvenir. Ce point particulier, et plusieurs autres encore, demanderaient des explications, qu'il m'est impossible de donner ici.

16. Saint Germier, ÉVÊQUE DE TOULOUSE. — *Double.*

Oraison. Exaudi, Domine, preces nostras et intercedente beato Germerio, Confessore tuo atque Pontifice, supplicationes nostras placatus intende.

Légende. Temporibus gloriosissimi Clodovaei Principis, Germerius adhuc juvenis, Dei amore praeventus, patriam parentesque relinquens, Tolosam se recepit, junctis secum duobus clericis, viae comitibus, Dulcidio et Pretioso. Cumque beatus vir in urbe Tolosana bonis polleret moribus, ab omnibus amabatur; jugiter perseverabat in Dei servitio, jejuniis, vigiliis, eleemosynis; orationibus semper intentus et omnium virtutum flore ornatus. De omnibus quae sibi offerebantur tertiam partem pauperibus erogabat, ad sublevandam illorum egestatem.

Apparuit ei Angelus sole splendidior, dum oraret : Ne timeas, inquit; sed scito te mox iter Arisitanum accipere debere : ibi enim sacerdotii honorem assumpturus es. Jussa angelica exequens Germerius, iter aggreditur et consecratus est in Pontificem. Peractis diebus, revertebatur in partes Tolosanas, cum rex Francorum, inclytus Clodovaeus, illum accersitum muneribus pretiosissimis cumulavit et fundum ei largitus est pro monasterio condendo. Urbem subeunti, plebs Tolosana, magno concursu, laeta fronte et hilari vultu obviam processit.

Multa per eum Deus operatus est miracula, in claudis, coecis, paralyticis et leprosis sanandis; signo Crucis a tribus hominibus daemones ejecit et in nomine Domini accensam domum extinxit; in arenti solo, cum preces funderet, fons perennis scaturivit. Demum bonorum operum cumulatus meritis, cum per triginta et sex annos, divini verbi pabulo, vitae exemplo, paternaque sollicitudine gregem fovisset, discessit e vita et ad Murellum oppidum sepultus est, ubi ipsius reliquiae religiose coluntur. *Bollandistes.*

Messe *Statuit.*

Les reliques de saint Germier sont à Muret, où ce saint est en grande vénération. Péyronet nous apprend dans ses notes qu'on vénérait aussi, le 16 mai, les reliques de ses deux compagnons, Dulcide et Précieux. Il faut les nommer dans la légende, ce que ne fait pas le Propre actuel.

16. Mémoire de saint Gordien, MARTYR.

Oraison. Omnipotens sempiterne Deus, corona Sanctorum et spes certantium, qui ad immortalem triumphum beatum Gordianum extulisti; da cordibus nostris dignam pro ejus solemnitate laetitiam, ut cujus solemnia colimus ejus precibus adjuvemur. *Proprium Convenarum.*

Saint Gordien est patron de la paroisse de Saint-Paul d'Oueil, qui conserve toujours une portion de ses reliques. Je n'ai pu savoir si cette paroisse est le lieu de sa naissance ou de sa mort; dans tous les cas, il est très-convenable d'en faire au moins mémoire.

Saint Gordien est un martyr des Sarrasins. Voici son hymne avec une autre oraison, tirées de vieux manuscrits :

Beata tellus Convenarum
Cruore sacra martyrum,
In Gordiani militis,
Novo coruscas sanguine,

Hic arte pugnandi nova
Cruenta bella non gerit,
Non tela, non ignes jacit,
Sed blandus allicit fidem.

Agmen Arabum frequens obit,
Christum crucemque nuntians ;
Precatus urget barbaros
Salutis amplecti viam.

Hortando fit molestios,
Virum praehendunt Arabes
Hostemque pectoris fidem
Crebris adoriuntur plagis.

At martyris patientia
Invicta stat cruciatibus ;
Irridet instantem necem
Christoque fundit sanguinem.

Quo pura consistit hostia
Ignobilis sancit diu ;
Donec fugatis hostibus
Templo locetur nobili.
Deo Patri sit gloria, etc.

Oraison. Deus, qui Martyri tuo Gordiano eum caritatis affectum tribuisti, ut pro convertendis ad fidem tuam infidelibus Saracenis ultro animam fuderit; concede nobis, quaesumus; ut saltem amicos et proximos nostros monere et corrigere non erubescamus.

20. Saint Hilaire, ÉVÊQUE DE TOULOUSE. — *Double.*

Oraison. Omnipotens sempiterne Deus, qui beatum Hilarium Confessorem tuum atque Pontificem, nobis aeternae salutis dedisti ministrum : quaesumus; ut, ejus suffragantibus meritis, pietatis tuae gratiam consequamur. Per.

Légende. Hilarius Tolosanae Civitatis Episcopus, vitae sanctitate conspicuus fuit et celebris. Sancti Saturnini primi Antistitis Tolosani ac Martyris recordatione et studio tantopere capiebatur, ut post multum temporis, ab obitu sancti Saturnini Pontificalis dignitatis insignia gestans, quod minus decorum videbatur hominibus, a Deo tamen honoratum Saturnini corpus, ipse Hilarius summo in honore habuerit, haberique voluit a populo Tolosano sibi credito et commendato.

Quamobrem cum ipsius reliquiae sub terram defossae, multis annis delituissent, tanti Martyris sanctitatem miratus Hilarius, quod nullus ante tentare ausus fuerat, ipse aggressus est. Terram enim effodi ad ligneum usque sepulchrum sancti Saturnini mandavit : ejus tamen sanctum corpus commovere non ausus, lateritio opere, fornicis instar, ambiri tumulum curavit, et ad excitandam populi pietatem, juxta sancti Martyris reliquias, aediculam ligneam, orationis gratia superne extruxit.

Tandem Hilarius Pastorali munere diligenter perfunctus, vita mortali simul defunctus est. Cujus sanctum corpus anno ducentesimo supra millesimum, apud sancti Saturnini fanum, in lapideo tumulo repertum est, ubi rursus conditum est, et trecentis postea et septemdecim annis inventum in eodem tumulo plane integrum ; et quod stupendum est, nullo squalore obsitum, sed ita luminosum et fulgidum, ut hoc pro summo miraculo omnes venerarentur. *Propres de Toulouse* (1647-1744-1750).

Messe *Sacerdotes*.

22. Sainte Quitterie, VIERGE ET MARTYRE. — *Double.*

Ant. aux deux vêpres. Quitteria, sponsa Christi, accipe coronam, quam tibi Dominus praeparavit in aeternum.

Oraison. Indulgentiam nobis, quaesumus, Domine, beata Quitteria, Virgo et Martyr, imploret : quae tibi grata semper extitit, et merito castitatis et tuae professione virtutis.

Invitatoire. Agnum Sponsum Virginum * Venite adoremus Dominum Jesum Christum.

Légende. Lucius Catellius Severus, praeses Gallaeciae et Lusitaniae, et ejus terrae regulus, idolorum cultor, ex Calsia conjuge, eidem falsae religioni dedita, uno partu (ut multarum in Hispania ecclesiarum fert traditio) novem edidit filias. Quae cum existimaret hoc posse contra eam aliquam violati tori, et intemperantis vitae excitare suspicionem, obstetrici severe indixit, ut occulte illam tot filiarum turbam in flumen projiceret. Illa vero consilium detestata, in proximum vicum progressa, novem puellas totidem nutricibus alendas tradidit, a quibus sacro fonte lustratae, Genivera, Wilgefortis seu Liberata, Victoria,

Eumelia, Germana, Gemma, Martiana, Basilissa, ac Quiteria nuncupatae, totas se Deo conceptae virginitatis voto consecrarunt.

℟. Propter veritatem et mansuetudinem et justitiam, * Et deducet te mirabiliter dextera tua. ℣. Specie tua et pulchritudine tua intende, prospere procede et regna. * Et deducet.

Interea dira persecutio christianum nomen urgebat, et ad Balchagiam Catellii sedem progressa (quae hodie dicitur Bayona Tudensis) cultores idolorum impulit, ut virgines sacras comprehenderent, et Catellio patri sisterent puniendas. Qui de genere et religione sciscitatus, christianas et filias suas esse cognovit. Cum autem omnia illis regia liberalitate promitteret, omniaque supplicia judicis severitate minaretur, ut eas a studio christianae religionis abduceret, et maternæ preces, et lacrymae his omnibus accederent, nihilominus sacrae virgines omnes in ea quam susceperant fide, constantes permanserunt. Cum autem pater nil proficeret, et in filiarum caedem raperetur furore : illae tametsi martyrii cupidae, patris tamen grave peccatum vitare cupientes, ab ejus statuerunt sese potestate subducere : quod fecere non simul omnes, sed seorsum aliae alio dilapsae, ubi variis locis martyrium subierunt. *Propre d'Espagne.*

℟. Simile est regnum coelorum decem virginibus, quae accipientes lampades suas, * exierunt obviam Sponso et Sponsae. ℣. Prudentes autem virgines acceperunt oleum in vasis suis cum lampadibus. * Exierunt.

Venit Angelus Domini ad Quitteriam et dixit : Virgo sancta, sequere me et ostendam locum oratorii ad montem Oriam. Quitteria oravit dicens : Domine, propter nomen tuum et propter magnam misericordiam tuam, vivere volo in pueritia vera, in caritate, in orationibus et miserationibus multis. Tunc reversa est ad patrem, a quo de nuptiis interpellata, e domo secessit et in vallem Aufragiam dictam se contulit. Angelus Domini dixit ad beatam Quitteriam : Noli timere, antequam ad conjugium venias, magnalia Dei videbis. Pater vero misit ministros, qui filiam reducerent et nisi abnegata fide catholica, nuptias quas illi destinaverat amplecteretur, interficerent. Quod impii patris imperium executi sunt et Quitteriam in fide et suo voto constantem, capite minuerunt, prope civitatem Adurensem. *Breviar. Narbon. Propre de Montauban.*

℟. Audivi vocem de coelo dicentem : Venite omnes virgines sapientissimae. * Oleum recondite in vasis vestris, dum Sponsus advenerit. ℣. Media nocte clamor factus est : Ecce Sponsus venit. * Oleum. Gloria Patri. * Oleum.

Ant. du Benedictus. — Accinxit fortitudine lumbos suos et roboravit brachium suum ; ideoque lucerna ejus non extinguetur in sempiternum. *Breviar. Tolosan.*

Messe *Me expectaverunt.*

25. **Auxilium christianorum.** — *Double-majeur.*

Au supplément du Bréviaire romain.

28. **S. Guillaume de Gellone,** CONFESSEUR. — *Double.*

Oraison. Omnipotens sempiterne Deus, terrena pro te calcantium merces magna nimis ; da nobis exemplo et intercessione beati Guillielmi, Confessoris tui, temporalia omnia despicere et ad aeterna tota mentis intentione festinare.

Légende. Guillielmus, patre Theodorico matre vero Aldana natus, in pueritia humanioribus litteris imbutus, et sub Carolo magno aulae et militiae mancipatus, ob egregias corporis animique dotes, proceribus omnibus carus et acceptus fuit. Contra Vascones, cum copiis profectus, pacem inter eos composuit. Mox Aquitaniae dux et comes Tolosanus, renuntiatur. Tum victis saepius barbaris, dilatato imperio Christi, ex aula digressus, sub disciplina sancti Benedicti Anianensis, totum se dat operibus justitiae, pietatis et misericordiae, nec multo post, monasterium erigit in valle Gellonensi, Lodovensis dioecesis, scopulis et montibus asperrima.

In aulam vocatus ab imperatore, donatur phylacterio quodam vivificae Crucis lignum continente, quod ad ipsum Carolum Romae degentem, miserat Hyerosolimitanus patriarcha; illudque etiam nunc servatur in monasterio Gellonensi. Impetrata tandem discedendi licentia, pergens ad sanctum Benedictum Anianensem, moram nullam fieri passus, die natali Apostolorum Petri et Pauli, auro textis vestibus abjectis, a sancto Benedicto habitu monastico induitur in monasterio Gellonensi. Quod quidem jam antea amplis a se redditibus dotatum, donavit, tunc vestibus sacris pretiosissimis, calicibus argenteis, libris pluribus undique conquisitis. Altaria auro argentoque vestivit; caeterum ipse se totum Christo mancipavit.

Omnium virtutum, sed praecipue humilitatis laude caeteris antecelluit. Fratribus in vilioribus officiis ministrare, sarculoque terram excolere, vir tantus ambivit. Defectus tandem viribus, orationi, sacrorumque lectioni librorum, ex abbatis mandato, die noctuque vacans; austerioribus jejuniis, vigiliis, frigoris acerrimi patientia, labores sibi interdictos pensabat. Tot meritis et virtutibus clarus, praenuntiato mortis die, obdormivit in Domino quinto kalendas junii, anno octingentesimo duodecimo. Ejus corpus sepultum est in oratorio sancti Michaelis, et postea translatum in majorem basilicam. *Propre de Montpellier.*

Messe *Os justi,* des Abbés.

29. Les BB. Martyrs d'Avignonet. — *Double.*

Oraison. Deus pro cujus amore ac fidei tuendae zelo beati Raymundus et Socii gladiis impiorum occubuere; presta quaesumus, ut eorum suffragiis in fide stabiles, te semper ex animo diligamus. Per Dominum.

Légende. Quo tempore Tolosana Dioecesis lethifera labe Albigensium inficiebatur, immortalis memoriae Pontifex Gregorius Nonus, Christi fidelium saluti prospiciens, inquisitores illuc misit lectissimos viros tum ex Praedicatorum tum ex Minorum Ordine. Ex primis erant Guillielmus Arnaldi ejusque socii Bernardus de Rupe Forti et Garcias de Aura. Ex aliis vero Stephanus de Narbonna et Raymundus de Carboneriis. Hisce et charitate et munere sex alii adjungebantur, nimirum Prior monasterii ex Ordine sancti

Benedicti in oppido Avenioneti, Monacus Clusinus nuncupatus, Raymundus Tolosanae Ecclesiae Archidiaconus, Bernardus ejusdem clericus, Fortanerius et Ademarus item clerici, qui nunciorum munus explebant, laicus demum tabellio Petri nomine. Hosce undecim una fidei et muneris societate conjunctos pari gloriae triumphi immortalisque vitae Deus reservavit.

℟. Laverunt stolas suas * Et candidas eas fecerunt in sanguine Agni. ℣. Isti sunt qui venerunt ex magna tribulatione et laverunt stolas suas. * Et candidas.

Nam cum eo, quo par erat, studio et industria missi à Pontifice Inquisitores suo munere fungerentur, Albigensium ira et livor asperius desaeviit. Raymundus ab Alfaro vir scelestissimus et Albigensium doctrinis imbutus, qui nomine Tolosani Comitis oppido Avenioneti praefectus erat, quod oppidum a civitate Tolosa non longe distat, Inquisitores eorumque socios in aedes dynastae arcessivit. Ingens patebat aula juridicundo comparata. Eo cum ingressi esssent Inquisitores èorumque comites supra memorati, e latebris satellites erumpunt. Adoriuntur illos non solum inermes, sed ultro alacriterque mori paratos. Nulli igitur exauditi gemitus aut ejulatus morientium, sed laeta cantica ex occumbentium ore personabant, cum Ambrosianum hymnum canentes voce concordi gratias aeterno Deo persolverent. Contigit autem eorum beata mors anno Domini millesimo ducentesimo quadragesimo secundo, quarto Kalendas Junii, nocte videlicet Ascensionis Domini Nostri Jesu Christi.

℟. O veneranda Martyrum gloriosa certamina, qui in suis corporibus pro Christo immania pertulerunt tormenta. * Et ideo percipere meruerunt immarcessibilem aeternae gloriae coronam. ℣. Despecta namque praesentis vitae luce, contemptoque suorum corporum cruciatu, saevientem mundum Dei pro honore vicerunt. * Et ideo.

Infandum scelus ac illustris servorum Dei obitus diu latere non poterant. Vel etiam hominibus tacentibus, rem gestam signa et ostenta insolita praedicarunt, quorum plura referunt coaevi ac posteriores historici. Omnium ergo ore tanquam veri Christi Martyres habiti sunt et ecclesiasticus cultus statim illis exhibitus, tum in Tolosana Civitate, tum in Oppido Avenioneti, ubi eorum Festum quotannis ad haec usque tempora recolitur. Hunc autem immemorabilem cultum Pius Nonus Pontifex Maximus, audita prius Sacrorum Rituum Congregationis sententia, adprobavit, octavo Idus Septembris anni millesimi octingentesimi sexagesimi sexti. *Breviar. Dominic.*

℟. O constantia Martyrum laudabilis, o charitas inextinguibilis, o patientia invincibilis, quae licet inter pressuras persequentium visa sit despicabilis, * Invenietur in laudem et gloriam et honorem in tempore tribulationis. ℣. Nobis ergo petimus, piis subveniant meritis, honorificati a Patre qui est in coelis. * Invenietur. Gloria Patri. * Invenietur. *Breviar. Tolos.*

Messe *Sancti tui.*

31. **Saint Silve**, ÉVÊQUE DE TOULOUSE. — *Double.*

Oraison. Da, quaesumus, omnipotens Deus, ut beati Silvii, Confessoris tui atque Pontificis, veneranda solemnitas, et devotionem nobis augeat et salutem.

Légende. Silvius Episcopus Tolosanus, beati Hilarii antecessoris sui, praeclaris vestigiis insistens, suum, populique studium erga sanctum Pontificem Saturninum fovit plurimum ac promovit. Cum enim animadverteret frequentia fidelium sepulchra juxta sancti Saturnini sepulchrum extrui, veritus ne post tempus aliquod, prae sepulchrorum multitudine, dubii aliquid suboriri posset de ipsius sancti Saturnini sepulchro ; secum serio de exportandis atque alibi honorificentius collocandis tanti Martyris reliquiis cogitare coepit.

Quapropter coacervatis, et collectis undique multis pecuniis, magnis sumptibus et impensis, Templi Tolosani, non quale nunc est, nam posterioribus saeculis in hanc magnitudinem, in qua cernitur, extructum est, sed qualiscunque fundamenta jecisse dicitur, et ex parte aedificasse. Ad fastigium tamen perducere non potuit morte interceptus; quare illud inchoatum, suo successori perficiendum, reliquit. Is fuit sanctus Exuperius, qui Templum illud, non modo absolvit, sed in illud etiam sancti Saturnini beata pignora, magna cum veneratione, deportanda curavit.

Ipsius Silvii tumulus, in praenominato Templo, non paucis post saeculis repertus est, anno scilicet millesimo ducentesimo sexagesimo quinto, Nonis Octobris. Inventa quoque sunt in eodem loco sepulchra sancti Papuli Martyris, et sanctorum Honorati et Hilarii Tolosanorum Antistitum. Ex illis tunc educta sunt horum quatuor Sanctorum corpora, et in monumentis aliis, extra humum effossam superius excitatis composita, in ea Templi parte, quae sancti Saturnini monumento seu sacello subest.

Messe *Statuit.* — *Anciens Propres de Toulouse.*

JUIN

1. Saint Clair, ÉVÊQUE ET MARTYR. — *Double.*

Oraison. Mentes nostras quaesumus, Domine, lumine tuae claritatis, illustra; ut intercedente beato Claro, Martyre tuo atque Pontifice, videre possimus quae agenda sunt, et quae recta sunt agere valeamus.

Légende. Clarus, vir Apostolici spiritus, cum sex aliis sociis, Justino, Geruntio, Severo, Polycarpo, Joanne et Babilio, natale solum relinquens, Romam venit. Inde a Romano Pontifice consecratus Episcopus, in Gallias mittitur, ad praedicandum Christi Evangelium. Coloniam appulit et vicinas provincias peragrans, multos ab idolorum cultu revocavit et lumine fidei illustravit; inde Albiam petiit, ubi daemones responsa edere consulentibus soliti, subito conticuere; et puella nomine Asteria, a daemone possessa, exclamavit jam ad portas civitatis adesse virum, qui unius veri Dei cognitionem afferebat.

Postera die, Clarus adveniens, ingenti hominum concursu et admiratione excipitur. Quid de Deo ac de Christo credendum sperandumque, et quomodo ex lege Evangelica mores instituendi, quotidie summo labore et studio, privatim et publice exponebat, omnibus undique ad eum accurrentibus. Crebris etiam miraculis dicta divinitus confirmabat. Ita brevi universam gentem convertit et per baptismi gratiam innovavit. Per triennium Albiae commoratus, Antimum Episcopum constituit et vicarium sibi et successorem reliquit; inde discedens, ut Christum aliis Aquitaniae civitatibus praedicaret.

Novissime, Lectoram profectus, cum vehementer in idola inveheretur, comprehensus rapitur ad templum Martis ut sacrificaret ad aras; sed ipse, cum fixis oculis in coelum Christum invocaret, Martis statua confracta est. Quare infidelibus furore accensis, cum id magicis artibus tribuerent, Clarus primum per loca carduis et tribulis obsita nudus trahitur; mox plumbatis caesus et toto triduo in equuleo suspensus, deinde in carcerem detruditur; ubi ab Angelo, per noctem apparente, admonitur ut postremo certamini se accingeret; postera luce extra urbem eductus, flexis genibus orans, carnifici caput amputandum laetus obtulit. *Propres de Bordeaux et d'Albi.*

Messe *Statuit,* d'un Martyr Pontife.

1. Mémoire de saint Majan, ÉVÊQUE.

Oraison. Da, quaesumus, omnipotens Deus ut beati Majani, Confessoris tui atque Pontificis, veneranda solemnitas et devotionem nobis augeat et salutem.

Saint Majan, patron de Lombez, a été honoré longtemps dans une trentaine de paroisses, qui appartiennent aujourd'hui au diocèse de Toulouse. Il faut en dire autant de saint Alain (6 février).

3. Sainte Clotilde, REINE DE FRANCE. — *Double.*

Antienne. Cum invocasset Clotildis omnium rectorem et salvatorem Deum, convertit Deus spiritum Clodovaei regis.

Oraison. Respice, quæsumus, Domine, ad Francorum benignus imperium : et quibus per devotam sanctae Clotildis instantiam donum fidei contulisti; iisdem, per ejus intercessionem, tribue sincerum christianae pietatis affectum. Per Dominum.

Légende. Clotildis, Chilperici regis filia, parentibus a patruo Gundobaldo, Burgundiorum rege, necatis, Clodoveo adhuc ethnico, ab ipso Gundobaldo in conjugem tradita est. Quae cum primogenitum peperisset, eum, tolerante magis quam approbante Clodoveo, baptizari jussit. Cum autem infantis, cui nomen impositum fuerat Ingomeres, in albis defuncti, mortem aegre ferret Clodoveus, ac baptismo imputaret, graviter Clotildem objurgavit, asserens deos patrios, ob contemptum numinis sui iratos, sibi filium eripuisse. At illa : Deo, inquit, omnipotenti, Creatori omnium, gratias ago, qui me non usquequaque judicavit indignam ut de utero meo genitum regno suo dignaretur ascire. Alterum filium regina cum genuisset, hunc quoque baptizari voluit; et appellatus est Clodomeres. Qui cum aegrotare coepisset, affirmante rege fore ut idem ei quod fratri contingeret, matris precibus convaluit.

At regina non cessabat hortari virum, ut, abjecta idololatria, Deum verum coleret. Sed ille superstitioni Francorum adhaesit, donec in expeditione Alamanica inclinatam cernens suorum aciem, monitorum conjugis memor, auxilio Christi implorato, de hostibus triumphavit. Cui apud Remos laeta uxor occurrens, ubi ordinem rei gestae cognovit, advocavit sanctum Remigium, a quo Clodoveus fidem edoctus, baptizatus est, et chrismate sacro inunctus. Post mortem Clodovei, Turones adiit Clotildis : ibique ad sepulcrum sancti Martini summa pietate reliquum vitae exegit, pernox in vigiliis, eleemosynis aliisque piis operibus intenta, munifica erga ecclesias et monasteria.

Clodomeris in bello Burgundico occisi filios, nepotes suos, Theodovaldum, Guntarium et Clodoaldum apud se educavit. Tandem plena dierum, Turonis migravit ad Dominum; et Parisios inter psallentium choros translata, sepulta est a filiis Childeberto et Clotario regibus, ad latus Clodovei, in sacrario basilicae sancti Petri, deinde sanctae Genovefae dictae, ubi religiose colebatur. Exeunte vero saeculo decimo octavo, cum impii sumpsissent principatum, et bellum Deo sanctisque ejus facerent, ossa beatae reginae, cum aliis reliquiis, eorum furori subtracta, ne violarentur, igne cremata sunt. Quorum sacros cineres piae manus collegerunt, deindeque, transactis luctuosis temporibus, deposuerunt Parisiis in ecclesia parochiali sanctorum Lupi et AEgidii, in qua nunc honorifice asservantur. *Proprès de Poitiers et de Paris.*

Ant. du Benedictus. Rex Clodovaeus, elevatis ad coelum oculis, ait : Domine Jesu Christe, quem Clotildis praedicat esse Filium Dei vivi, da mihi victoriam, et serviam tibi. Alleluia.

Ant. du Magnificat. Clotildis, mater patriae, in coelis coronata, fecisti viriliter : adsis, et salva populum. Alleluia.

Messe *Cognovi.*

13. Saint Aventin, MARTYR. — *Double ou semi-double.*

Oraison. Deus, qui nos beati Aventini, Martyris tui, solemnitate laetificas; concede propitius, ut, qui ejus natalitia colimus virtutem quoque passionis imitemur et ejus intercessione ad patriam coelestem perducamur.

Légende. Aventinus natus est in loco nunc sui nominis insignito. Cum a teneris annis futurae dedisset sanctitatis indicia, mox, divina spirante gratia, in solitudinem secessit vicinam, ut totus Dei servitio necnon animae saluti, longe a mundi illecebris et periculis, vacaret. Mature intellexerat haec Dei verba : Ducam eam in solitudinem et ibi loquar ad cor ejus. At, cum lucerna haec, jam ardens, futura esset et lucens, non multis annis sub modio remansit.

Cum enim Deus Ecclesiae Convenarum, jamdiu viduatae pastore, Episcopum dedisset Abrahamum, Praesul iste, audita sancti eremitae vita mirabili, illum voluit habere vineae Domini operarium et ad sacrum promovit sacerdotium. Inde sanctus Aventinus, Spiritu Dei plenus, totum se vovit docendis populis animabusque Christo lucrandis, ita ut tum coevi, tum posteri Apostolum regionis illum vocaverint.

Tot et tantos successus aegre ferens antiquus animarum hostis pium sacerdotem, permittente Deo, in manus Saracenorum tradidit. Martyrii palmam retulit sanctus Aventinus, haud longe e paterna domo, in quam, statim post mortem, truncatum caput prae se ferens, se transtulit. Labentibus saeculis, datum est illustri sancto Bertrando, Convenarum Episcopo, corpus Martyris invenire, quod multis tunc proclaruit miraculis, et pia veneratione asservatum, fidelium, usque nunc, frequentia honoratur.

Messe *In virtute tua.*

Il y avait un ancien office de saint Aventin, que je n'ai pu découvrir. La tradition dit qu'il était prêtre; il est cependant habillé en dalmatique, je crois, sur le rétable do son autel; mais il faut observer qu'on donne la dalmatique aux Apôtres et aux prédicateurs. C'est la remarque du P. Cahier, dans ses *Caractéristiques des saints.* Il cite saint Barnabé, habillé en dalmatique, et même saint Baudille, qui n'était que sous-diacre.

Mgr d'Astros, en mettant saint Aventin dans le Bréviaire de Toulouse, lui donna un office semi-double. — La légende ne doit rien dire évidemment de saint Aventin, solitaire, dans le diocèse de Troyes. Pourquoi une pareille mention?

La présente légende a été composée avec la notice de saint Aventin, de M. Dutrey, curé de Cierp. (*Saint Aventin d'Aquitaine, martyr.* Toulouse, 1850.)

L'oraison est tirée d'un Propre de Comminges manuscrit, que j'ai trouvé à la fin d'un Bréviaire romain.

15. Sainte Germaine, VIERGE. — *Double de 2e classe.*

OFFICE

Antienne. Germana, sponsa Christi, accipe coronam, quam tibi Dominus, praeparavit in aeternum.

Oraison. Deus, humilium celsitudo, qui beatam Germanam, Virginem tuam, charitatis et patientiae decore excellere disposuisti; ejus meritis et intercessione concede, ut Crucem jugiter ferentes, te semper diligere valeamus. Per.

A MATINES.

Invitatoire. Agnum Sponsum Germanae Virginis * Venite adoremus Dominum.

Hymne. Virginis proles.

1er Nocturne.

Ant. Veni electa mea et ponam in te thronum meum, quia concupivit Rex speciem tuam.

Ant. Minima inter filias populi, eris in aeternum benedicta.

Ant. Vultum tuum deprecabuntur infirmus et pauper, et divites plebis adorabunt te.

Leçons. Ego flos campi.

℟. Humili loco nata et in egestate victitans, Germana adhuc parvula * Coepit adorare Christum Dominum. ℣. Beati pauperes, beati munde corde. * Coepit.

℟. Cum ab infantia pluribus aerumnis obnoxia esset, et ab omnibus derelicta, * Deo suam contristatam et dolentem commendabat animam. ℣. Beati qui lugent, quoniam ipsi consolabuntur. * Deo.

℟. Ovium custos amabilis, Virgo semper admirabilis et populo venerabilis, * Custodi famulantes tibi servos. ℣. Os suum aperuit sapientiae et lex clementiae in lingua ejus. * Custodi. Gloria Patri. * Custodi.

2e Nocturne.

Ant. Germana solo pane et aqua vivebat; carnem jejuniis domabat.

Ant. Custodiendis gregibus addicta, in silentio et quiete proficiebat paupercula.

Ant. Super aridos palmites breve somnum carpens, de luce ad Deum suum vigilabat.

Légende. Germana Cousin Pibraci, quod oppidum est Tolosanae Dioecesis, humili loco nata, ab ipsa pene infantia gravibus aerumnis fuit obnoxia. Cum enim manca esset et sturmis infecta, statim post obitum matris in odium novercae incidit, ejusque opera e paterna domo ejecta, et custodiendis gregibus addicta solo pane et aqua victitans, et super stramen aut aridos palmites in ipsa pecudum caula somnum carpens, vitam, in summa egestate rerumque omnium inopia, toleravit. Haec et alia, quibus quotidie premebatur, frigoris, aestus, et imbrium incommoda, quin etiam domesticorum convicia et in-

mine Africano, matre vero Perpetua, nobili exorta prosapia romana et per manus beati Petri Apostoli baptizata. Cum esset annorum novem, erudiebatur a matre fideli divinae observantia legis, et coepit puer oculos mentis ad coelum dirigere et recta ab Altissimo supplicare. Postea, accedens ad beatum Linum, primum post Petrum Apostolicum, ab eo baptizatus est; et, alacrior inde factus, confiteri coepit Christum vivi Dei filium vere Deum esse, Timuerunt parentes ne pro tali confessione morte damnaretur. Nazarius eis dixit : Date mihi ex haereditate bonorum vestrorum aliquam partem et egrediar de hac civitate ne me interficiant. Gavisi parentes dederunt ei ex omnibus bonis suis cum auri et argenti pondere magno. Egressus beatus Nazarius ab urbe, omnia pauperibus distribuit, et, iter agens, per singulas civitates Italiae docebat omnem populum idola falsa respuere et baptizari. Haec eo praedicante, multi baptizabantur, gratias agentes Domino Jesu Christo.

℟. Beatus Nazarius a conspectu Neronis impii gaudens ibat ad carcerem, * Ubi descendens Angelus Domini et confortans pavit cum puero. ℣. Cunctis videntibus, facta est subito facies ejus splendida sicut sol, et vidit Nero gloriam vultus ejus postquam egressus est de carcere. * Ubi.

Transactis autem paucis diebus, venit Mediolanum, ubi confessores Christi invenit Gervasium et Protasium, ab Anolino principe incarceratos. Quibus in praedicatione factus est consors et socius; monens eos viriliter agere ut invenirentur digni in conspectu Dei. Haec audiens de eo, Anolinus jussit eum in exilium mitti. Dum vir Dei multos ad fidem convertisset, mulier nobilis ex urbe Cimello detulit ei filium suum Celsum; quem sanctus suscipiens, baptizans et confortans, socium habere voluit. Treviris civitas, diu idolis obumbrata primum, Nazario praedicante, salutis cognovit auctorem. Orante illo, confracta sunt idola et ob hoc demersus est in mare cum Celso; et resplenduit circa illos continuo lux magna de coelo : Angelus Domini descendit et siccis pedibus super aquas visi sunt ambulare.

℟. Orante sancto Domini Nazario, confracta sunt idola,

et ob hoc jubente Nerone, demersus est cum Celso in mare. * Et resplenduit circa eos continuo lux magna de coelo. ℣. Angelus Domini descendit de coelo confortans eos, et siccis pedibus super undas ibant. * Et.

His non obstantibus, reversi sunt Mediolanum; commotus Anolinus jussit Nazarium comprehendi et duci extra civitatem foris portam Romanam, in loco qui dicitur tres muros; et ibi eum cum Celso praecepit decapitari occulte. Exeuntes autem extra civitatem psallentes et orantes, in locum venientes decollati sunt; et a religiosis viris corpora eorum ibidem sepulta sunt. Post plurimos annos Martyrum corpora a sancto Ambrosio inventa sunt et in basilicam Apostolorum translata. Vidit Pontifex sanguinem beati Nazarii ita recentem quasi eodem die fuisset effusus. Caput etiam ipsius ita integrum atque incorruptum cum capillis atque barba lotum atque compositum in sepulcro invenerunt adstantes; et odore tanto repleti sunt, ut omnium aromatum vinceret suavitatem.

℟. O quam honorabiles mater Ecclesia ad Christum hodie destinavit milites, qui inter tormenta infatigabiliter bellantes Neronis imperio et Anolini gladio triumphaliter a saeculo migrantes, felices Angelorum facti sunt, * Cohaeredes. ℣. Merito Nazarius et Celsus triumphant in terris, quorum patrociniis laetemur in coelis. * Cohaeredes. Gloria Patri. * Cohaeredes. *Breviar. Narb.*

A LAUDES

Antiennes. 1. Dum duceretur * in carcerem, sanctus Dei Nazarius, psallebat, dicens cum Celso : Deus in adjutorium nostrum intende, Domine ad adjuvandum nos festina.

2. Nazarius sanctus * dixit : meus Rex servis suis vitam praestat aeternam, unde non timemus tormenta, nec pavescimus mortem.

3. Nero dixit Nazario : * In mari te jactari jubeo, et nunc dic mihi seductor, quae erit tibi remuneratio a Deo tuo.

4. Oravit Nazarius, dicens : Domine Jesu Christe, qui beato Petro Apostolo tuo constantiam in passione donasti, per Angelum tuum destrue simulacra ista.

5. Cum vidissent Nazarium * nautae cum puero a divina dextera deportari super undas maris, omnes exclamaverunt dicentes : Sancte vir Dei libera nos, et credimus in Deum tuum.

Ant. du Benedictus. Ducti sunt gloriosi post tormenta martyres Nazarius et Celsus extra Mediolanum pariter laeti de supplicio, securi de bravio ; decollati sunt pro Domino : horum Jesu suffragio, exalta Christe nos in praelio.

Ant. du Magnificat. Alme Nazari, athleta, ut sol splendidus fulgens inter Christicolas, qui pompas saeculi teterrimas victor respuisti et duplicata Christo lucra deportasti, et cum Celso simul regna siderea penetrasti.

Messe *Intret.*

Oraison. Comme ci-dessus.

Secrète. Munera plebis tuae, quaesumus, Domine, beatorum Martyrum tuorum, Nazarii et Celsi, fiant grata suffragiis; ut quorum pro his nomini tuo offeruntur, ipsorum digna proficiantur et meritis.

Postcommunion. Sanctorum Martyrum tuorum, Nazarii et Celsi, suffragia implorantes ; quaesumus, Domine, ut per haec sacramenta quae sumpsimus a cunctis liberemur offensis. *Missale Tolosan.*

Saint Nazaire et saint Celse avaient autrefois, à Toulouse, un office solennel. Cet office, qui est un des plus beaux du moyen âge, est tiré du Bréviaire de Narbonne.

AOUT

3. Invention de saint Etienne. — *Double de 1re classe.*

Ant. Beatus Stephanus, Levita magnificus, sicut ante alios dominicae passionis et pietatis emicuit imitator, sic, Domine, apud te pro nobis sit perpetuus intercessor.

℣. Sancte Stephane, Martyr Domini pretiose.

℟. Adesto nostris precibus pius et propitius.

Oraison. Omnipotens sempiterne Deus, qui sacra beati protomartyris tui Stephani membra fidelibus tuis hodierna die revelare voluisti; concede, intercessionis ejus auxilio, nos ab instantibus tribulationibus liberari et futuris consolationibus satiari.

Invitatoire. Adoremus Regem magnum Dominum, * Qui in sanctis suis semper est mirabilis.

Répons du second nocturne.

℟. Sancte Dei pretiose, protomartyr Stephane, qui virtute caritatis circumfultus undique Dominum pro inimico exorasti populo, * Funde preces pro devoto tibi nunc collegio. ℣. Ut tuo propitiatus interventu Dominus nos, purgatos a peccatis, jungat coeli civibus. * Funde.

℟. Ecce jam coram te, protomartyr Stephane, suppliciter assistentes, te devote precamur, * Ut qui pro te lapidantibus Christum deprecatus es, pro nobis apud ipsum intercedere digneris. ℣. Caritatis gratia repletus pro persecutoribus orans, Filium hominis ad dexteram Patris stantem videre meruisti ; ideoque precamur, * Ut.

℟. Martyr Domini Stephane, astantem plebem corrobora sancta intercessione, * Ut qui vitiorum pondere gravamur, beatitudinis gloria sublevemur, et, te duce, aeterna praemia consequamur. ℣. O beate Stephane venerande, nostrum reatum dilue atque pro omni populo intercessor existe. * Ut. Gloria Patri. * Ut.

Ant. du Benedictus. Tu principatum tenes in choro Martyrum, similis Angelo ; et pro te lapidantibus Christum deprecatus es ; beate Stephane, intercede pro nobis ad Dominum.

A TIERCE

Capitule. Stephanus autem.

℟. *br.* Lapides torrentis * Illi dulces fuerunt. Lapides. ℣. Ipsum sequuntur omnes animae justae. * Illi. Gloria Patri. Lapides.

℣. Vidit beatus Stephanus coelos apertos. ℟. Vidit et introivit.

A SEXTE

Capitule. Surrexerunt.

℟. *br.* Sancte Stephane, Martyr Christi, * Audi rogantes famulos. Sancte. ℣. Et impetratam nobis coelitus tu defer indulgentiam. * Audi. Gloria Patri. Sancte.

℣. Patefactae sunt januae coeli. ℟. Christi Martyri, beato Stephano.

A NONE

Capitule. Positis.

℟. *br.* Patefactae sunt * Januae coeli. Patefactae. ℣. Christi martyri, beato Stephano. * Januae. Gloria Patri. Patefactae.

℣. O beate Stephane, magna est fides tua. ℟. Intercede pro nobis ad Dominum Deum nostrum.

Ant. du Magnificat. O quam gloriosus est beatus Stephanus, Levita et Martyr; qui ante Apostolos regna coelestia possidere meruit, et ad Patris dexteram Filium videre. *Breviar. Tolosan.*

Messe *Sederunt.*

Oraison. Comme ci-dessus.

Secrète. Grata tibi sint, quaesumus, munera devotionis hodiernae; quae pro beati Stephani, protomartyris tui, inventione commemoratio gloriosa depromit.

Postcommunion. Quaesumus, omnipotens Deus; ut sicut divina laudamus in sancti Stephani, protomartyris, gloriosa inventione magnalia, sic indulgentiam tuam piis ejus precibus assequamur.

L'office du 3 août est complet dans l'ancien Bréviaire de Toulouse. J'en ai tiré seulement les antiennes et les répons qui méritent d'être conservés et qui diffèrent de l'office romain. Les hymnes *Quis Luciano* et *Mole contritus* peuvent être gardées ou abandonnées, peu importe, quoique les hymnes romaines soient préférables.

Quant à l'office de la translation de saint Etienne au 7 mai, si on le conserve, il est bien mieux de prendre l'office romain, comme on a fait dans d'autres diocèses, avec l'oraison romaine. C'est, du reste, le parti qu'on a pris pour la fête du 3 août, et c'est le meilleur.

L'oraison de l'octave de saint Etienne, au 10 août, est tirée du dernier Bréviaire toulousain, ce qui n'est pas une recommandation.

7. **Saint Just et saint Pasteur,** MARTYRS. — *Double.*

Ant. Senatus aulae coelestis cum Christo triumphat; in cujus contuberniis Justus et Pastor gratulantur cum Angelis laeti; quorum germana societas nos ad bravium vitae ducat, quo laetemur sine fine. Alleluia.

Oraison. Exaudi, Domine, preces nostras ut populus, qui sub tantis sanctorum Martyrum tuorum, Justi et Pastoris, patrociniis est constitutus, et a suis offensionibus liberetur et ab omnibus protegatur adversis.

Légende. Justus et Pastor, germani fratres, Complutenses, illustre Christo Domino testimonium dederunt, Diocletiano et Maximiano imperatoribus. Nam cum Dacianus praeses, Complutum ingressus, christianos omnes perquiri juberet, ut aut fidem Christi detestati, idolis sacrificarent, aut acerbissimis cruciatibus interficerentur, Justus et Pastor pueruli magno sunt pro Domino moriendi desiderio incensi. Itaque projectis tabellis, quibus prima litterarum rudimenta continebantur, quo Christum melius discerent, e ludo litterario neque vocati, neque appellati, in domum judicis properant, christianos se esse publice profitentur, et pro Christi fide supra aetatem et corporis vires laeti atque alacres tormentorum cruciatibus sese ultro offerunt. Quos Dacianus, tanquam pueros, jubet verberibus ab ea mente deterreri.

℟. Dum crudelissimus Dacianus, consilio diaboli rabidus, per diversas mundi regiones Christianos variis tormentorum generibus cruciaret; hi duo infantuli Justus et Pastor, * Quasi probati Christi discipuli ad martyrium cucurrerunt. ℣. Relictis scholae tabulis, in quibus tenerae eorum aetates imbuebantur. * Quasi.

Dum ad verbera ducuntur, mutuo se ad supplicia fortiter subeunda novelli agni cohortabantur. Nam Justus minor natu, timens forte, ne de sua frater constantia diffideret, sic prior Pastorem alloquitur : Nihil, Pastor frater, timeas mortem corporis, quae nos circumstat : nec tormenta, quae nobis parata sunt, quasi tenella nostra aetate graviora ; excipe jugulo securus gladium : nam Deus ille, qui nos ad tantam gratiam vocare dignatur, dabit etiam vires cruciatibus pares. Ad haec Pastor : Merito, Juste frater, sic te decet hortari, ut justitiam quam nomine praefers, re ipsa praestes, ejusque fructus mecum una percipias. Ego vero libenter socium me tibi praebebo martyrii, ut tecum hujus certaminis gloriam adipiscar. Quorum sermones cum satellites ad Dacianum retulissent, veritus ille, ne reliqui christiani tanto excitarentur exemplo, ejusque crudelitas, si in certamen descenderet, a pueris vinceretur, extra oppidum procul ab hominum frequentia sanctissimos pueros abripi jubet, et silentio occidi.

℟. Gloriosus martyr Justus beato Pastori dixit : Noli, frater, caedentium ictus devitare, noli gladium formidare, quia annuente Domino gloriam suscipiemus. * Quae nostram non minuet parvitatem, sed ad sanctorum perducet societatem. ℣. Brevi hoc tempore parvam hominum possidebimus vitam, sed illic aeternam percipiemus. * Quae.

Itaque in campum, qui Laudabilis est appellatus, adducti, octavo idus augusti gladio feriuntur. Quorum confestim animas Salvator, apertis coelis, triumphantibus Angelis et Martyrum exultante choro, in coelestes sedes suscepit aeterna requie fruituras. Jugulati sunt, ut a majoribus accepimus, super lapidem, qui Compluti in honore est, et adhuc servat sacrati martyrii impressa vestigia. Quem locum sanctum tanta Dominus noster Jesus Christus potentiae suae majestate replevit, ut quicumque pura fide et integra devotione eorum expetierit veneranda suffragia, quacumque fuerit infirmitate detentus, vel inimicorum infestatione depressus, statim ipsorum invicto liberentur auxilio. *Propre d'Espagne.*

℟. O gloriosi Dei nostri milites, Juste et Pastor, clarissimi fratres. * Preces orantium ante divinum offerte conspectum. ℣. Quia in conspectu Domini pretiosa est mors et copiosa merces vestra. * Preces. Gloria Patri. * Preces. *Breviar. Narbon.*

A LAUDES

Antiennes. 1. Beati Christi * Martyres, Justus et Pastor, alacres, annuntiante Dei Angelo, invicem se confortabant de coelorum praemio.

2. Noli frater Pastor, * hanc temporalem pertimescere passionem ; noli caedentium ictus in tuo tenerrimo corpore devitare ; noli incumbentem gladium formidare.

3. Digne quidem, * frater Juste, sic te decet hortari, ut justitiam quam portas in tuo nomine, simul cum fratre tuo Pastore participes.

4. Non nos parentum revocet pietas, nec nostram doleamus aetatem ; sed celeriter prompti ad coelorum culmina properemus, quo infantiae nostrae veniam obtineamus.

5. Jussit Dacianus * juvenes egregios extra urbem Complutensem ejici et decollari pro nomine Christi ; quorum Salvator animas collocavit inter Angelos. Alleluia.

Ant. du Benedictus. Super petram duae victimae, Christo carissimae, Justus et Pastor, jugulati sunt ; et corpora eorum in pace sepulta sunt. Alleluia.

Ant. du Magnificat. Praeclari fratres, coelestis Regni participes, Juste et Pastor, qui post tormenta laeti pervenistis ad Christum ; vestrum nobis praebete ducatum, quo mereamur perfrui vestra societate in coelesti sede.

Messe *Sapientiam.*

Cet office est des plus beaux. Rien n'est touchant comme le dialogue des deux enfants dans les antiennes de laudes.

9. Saint Africain, ÉVÊQUE DE COMMINGES. — *Double.*

Oraison. Omnipotens sempiterne Deus, exaudi propitius preces nostras : et, intercedente beato Africano, Confessore tuo atque Pontifice, tribue nobis misericordiam tuam, ut quae agenda praecipis implere possimus.

Légende. Africanus, in Burgundia, illustri genere natus, ob egregias quibus effloruit virtutes, dignus habitus est qui Ecclesiae Lugduni Convenarum regimini praeficeretur. Deinde, cum Ariana perfidia adhuc per Galliae oras virus suum spargeret, maximeque Ruthenae grassaretur, sanctus Praesul, animarum zelo succensus, eo proficiscitur ; tumque doctissimis concionibus haereticos aggreditur, et fortissimis concertationibus agressus impietatis astutias propalavit, sicque copiosam populi multitudinem ad fidem convertit.

Ea de re exciti pervicaces haeretici, falsis criminationibus sanctum Episcopum onerantes, in carcerem etiam conjecerunt, variisque opprobriis et conviciis affecerunt. At vir Dei, ut columna immobilis persistens, facile hos flatus retudit, solutusque ergastulo majori libertate ac fervore Dei veritatem adversus impios contestatus est. Nec verbis modo, sed et miraculis pietatem propugnavit; quin et sanctitatis ejus testimonium divina majestas reddidit conspicuum.

Inter quae miracula, illud praesertim fama vulgavit, quod cum sanctus Episcopus tremenda mysteria celebraret, eo temporis articulo, quo sacrosanctam sumebat Eucharistiam, igneus circulus super caput ejus effulsit in modum coronae, quam qui sanctissimae Synaxis digni erant conspiciebant. Tandem egregius Antistes, tot trophaeis clarus, ad coelestem gloriam migravit. Cujus memoria oppido Ruthenensi, ubi efflavit animam, nomen indidit. *Propres de Rodez* (1809-24 et 57).

Messe *Statuit.*

Le natalice de saint Africain est au 1er mai. J'ignore pourquoi sa fête a été mise au mois d'août. A Vabres et à Rodez, elle se faisait au mois de mai. Sa translation était au 8 février.

13. **Sainte Radegonde,** REINE DE FRANCE. — *Double.*

Antienne. Radegundis, Franciadum decus, mundi gloriam contempsit, et regiam purpuream sacro velamine commutavit.

Oraison. Deus, qui beatam ancillam tuam Radegundem, reginam, etiam in sexu fragili constitutam, sanctificasti; et vocatione misericordiae tuae hodierna die felici consummatione tecum in coelestibus assumpsisti : ipsius meritis et intercessionne preces nostras propitius suscipe et praesta ; ut sicut ipsa tecum est suis meritis, ita a nobis nunquam recedat exemplis. *Breviar. Tolosan.*

Légende. Radegundis, Bertharii Thuringorum regis filia, decennis captiva a Francis abducta ; quum insigni et regia esset forma, Francorum principibus cui ipsa cederet inter se decertantibus, Clotario Suessionum regi sorte obtigit : qui optimis eam magistris credidit, liberalibus erudiendam disciplinis. Tum puella, avide acceptis fidei christianae documentis, et ejurato haereditario inanium deorum cultu, non praecepta tantum, sed et Evangelica decrevit servare consilia. Adultiorem jam factam, Clotarius, qui sibi dudum illam addixerat uxorem, in conjugium excepit : unde licet invita, quin et altera vice fuga elapsa, cunctis plaudentibus, Regina salutatur. Ad honores igitur solii evecta, beneficentiam in pauperes, assiduas orationes, crebras vigilias, jejunia aliasque corporis afflictationes, cum regia dignitate conjunxit : adeo ut non regina, sed monacha jugalis ab aulicis pietatem deridentibus diceretur.

℟. Monasterium hilariter sancta Regina ingressa est, et seipsam resque suas Abbatissae permisit potestati, nihil sibi reservare volens : * Ut expedita per Christi vestigia celerius curreret. ℣. Dispersit, dedit pauperibus : justitia ejus manet in saeculum saeculi. * Ut.

Ejus patientia maxime enituit in tolerandis variis durioribusque molestiis quas ei rex inferebat. Quum autem audivisset fratrem suum germanum Clotarii jussu injuste fuisse occisum, ab aula repente discessit, ipso rege annuente, et beatum Medardum Episcopum adiit, instantissime deprecans ut Domino consecraretur. Cujus precibus commotus sanctus Pontifex, Reginam sacro velamine initiavit et manu imposita diaconissam consecravit. Pictavium deinde perrexit, ubi monasterium virginum condidit, quod postea titulo Sanctae Crucis nuncupatum est. Virtutum splendore ac multitudine miraculorum longe refulgens, ad sacrae religionis amplexum innumerabiles pene virgines pertraxit : quibus, ob eximia divinae in se gratiae testimonia, omnium efflagitatione praefecta, ministrare gaudebat magis quam praeesse. Vilissima et abjectissima quaevis munia expetens, aegrorum egentium ac maxime leprosorum curam praecipue dilexit : quo saepe ab infirmatatibus mirabiliter liberabat. Quae vero ab adolescentia martyrii flagrabat desiderio : ferreis catenis lumbos adcincta, membra cruciabat ardentibus carbonibus, laminisque candentibus in carne acriter infixis, ut sic etiam caro suo modo Christi amore inflammaretur.

℟. Beata Radegundis linteo praecincta, capita lavabat egenorum, congregatisque pauperibus aquam et mappam porrigebat : * Stans ante prandentes jejuna. ℣. Mulieres leprosas osculabatur, facies eorum lavans, et rursus ministrabat ipsa. * Stans.

Sanctorum reliquiis, variis ex regionibus allatis, monasterium suum ditavit. Sed et, missis clericis ad Justinum imperatorem, insignem partem ligni Dominicae Crucis impetravit : quae solemni ritu a Pictaviensibus recepta est, gestientibus clero omnique populo, atque hymnos decantantibus, quos in laudem almae Crucis confecerat Venantius Fortunatus, postea episcopus, qui beatae Radegundis sancta familiaritate potiebatur. Ipsa denique sanctissima Regina, jam matura coelo, paucis diebus antequam e vita exiret, Christi apparitione sub specie speciosissimi adolescentis dignata est, et ex ejus ore has voces audire meruit : Quid adeo fruendi cupiditate teneris ? Quid tot lacrymis gemitibusque diffunderis? Quid tam crebro meis altaribus suppliciter admoveris ? Quid tot laboribus corpusculum tuum infringis, quum ipse tibi semper adhaeream? Tu gemma nobilis, noveris te in diademate capitis mei esse e gemmis primariis unam. Anno tandem quingentesimo octogesimo septimo, purissimam animam in sinu coelestis Sponsi, quem unice dilexerat, exhalavit : et a sancto Gregorio Turonensi in basilica Beatae Mariae, ut optaverat, sepulta fuit. *Propre de Poitiers* (1856).

℟. Ultimo ante obitum anno, apparuit ei Christus, in specie adolescentis forma decori qui dixit ei : * Cur me desiderio accensa cum tantis lacrymis rogas, qui semper tibi assisto ? ℣. Noveris te in diademate capitis mei esse e gemmis primariis unam. * Cur. Gloria Patri. * Cur.

Ant. du Benedictus. Beata Radegundis, Helenae pietatem aemulata, Crucem Domini concupivit, et salutis humanae pignus ad Occidentis plagas transmisit.

Ant. du Magnificat. O mater patriae, Radegundis inclyta, populi tui salus esto : serva fidem, mores corrobora, tribue pacem sancta intercessione. *Ibidem.*

MESSE

Introït. Laetemur hodie immortali gaudio, Christum laudemus modulato carmine, qui dedit nobis oratricem, Radegundim praeclaram. *Psalm.* Eructavit cor meum verbum bonum. Gloria.

Oraison. Comme ci-dessus.

Epître de la Messe de sainte Madeleine.

Graduel. Concupivit rex decorem tuum; quoniam ipse est Dominus Deus tuus. ℣. Audi, filia et vide et inclina aurem, tuam, et obliviscere populum tuum et domum patris tui.

Alleluia. Alleluia. Radegundis, pretiosa gemma, noveris in diademate capitis mei te primam esse gemmam. Alleluia.

Evangile du Commun.

Offertoire. Diffusa est.

Secrète. Deus, sanctorum omnium fortitudo, quaesumus; ut beatae Radegundis, reginae, cujus hodie gloriosam celebramus consummationem, exemplis nos accendas, et excites in Ecclesia tua spiritum cui illa servivit; et da eidem opere exercere quod ipsa in foemineo ac fragili corpore, te adjuvante, exercuit.

Communion. Feci judicium.

Postcommunion. Deus, qui sanctam nobis hujus diei festivitatem et venerabilem solemnitatem, pro depositione beatae reginae Radegundis, Ecclesiae tuae consecrasti; suscipe propitius, ipsa interveniente, orationem nostram; et tribue nobis misericordiam tuam, ut, ejus suffragantibus meritis, ab omnibus hujus vitae periculis liberemur. *Missale Tolosanum.*

16. Saint Roch, CONFESSEUR. — *Double.*

Au supplément du Bréviaire romain.

L'office toulousain n'a rien de particulier, si ce n'est la messe, qui est un peu longue.

18. Saint Cizy, MARTYR. — *Double ou semi-double.*

Antienne. Miles Christi Cizius magnam gentis paganae multitudinem ad Deum convertit et gladio interemit incredulam; quem pro nobis sentiamus intercessorem in coelis.

Oraison. Deus, lux indeficiens et claritas sempiterna, qui illustrem militem et Martyrem tuum Cizium, patronum nobis pie dedisti : concede propitius; ut, qui ejus solemnitatem colimus, ipsius meritis et precibus adjuti, ab omni adversitate liberati, tecum gaudere mereamur in coelestibus regnis.

Légende. Quo tempore Saraceni, Hispania ferme tota potiti, Pyrenaeos montes identidem superabant, populos citra degentes desolaturi, Cizius, Bizuntinus, e familia Burgundiae ducum oriundus, cum non minus vita vere christiana quam belli scientia et militari virtute emineret, a Carolo magno, crudeles et impios Galliae meridionalis invasores debellaturo, assumptus est in partem operis et laboris. Erat autem Cizius statura procerus, sensu gravidus, morum honestate modestus, pupillorum patronus, in armis strenuus et reipublicae promptus defensor.

℟. Ait sanctus Cizius suis commilitibus : Bellate viriliter, * Et lucrabimini coelestem coronam. ℣. Infideles isti pro thesauris terrenis dimicant ; et nos pro gloria sempiterna. * Et.

His dotibus praeditus, Christi miles tertiae parti equestrium manipulorum a Carolo magno praeficitur, et progressus aliquot leucis ultra Tolosam, usque in planitiem Garumnae vicinam, refertis occurrit hostium turmis, quas sine mora fortiter aggreditur. Collectis igitur equitibus, eos alloquitur : Validi et haud timidi commilitones, hora jam venit dimicandi ; estote pro more fortes in aggressu. Isti pro terrena bellum agunt ; nos autem pro gloria Dei, qui nobis coronas praeparat aeternas. Nec terreat vos hostium multitudo, nam Deus noster saepe suis, licet pauciori certantibus numero, victoriam concessit. His dictis, insiluit in Saracenos, qui circumventum illum tenuerunt, et, cum chistianae fidei renuntiare recusasset, ferociter trucidaverunt.

℟. Multiplicatis viribus in planitie, assistunt fideles, * Parati mori aut vivere in Domino Jesu Christo. ℣. Fit fidelium et contrariorum conflictus horribilis; sed obeunt miseri et rapiuntur in coelos justi. * Parati.

Martyris milites, sancti Ducis amore dolentes interitum, in Saracenos fortiori corruerunt impetu et plenam retulerunt victoriam. Cum autem Carolus magnus postea, in eum devenisset locum, Cizii corpus tumulo condi voluit marmoreo. Inde ibidem extructum est sacellum, ubi Dominus illustrem ac generosum Ducem miraculorum gloria decoravit. Quibus rite probatis, Episcopi Tolosani nomen ejus suorum catalogo Sanctorum inseruerunt. Reliquiae vero sancti Martyris translatae fuerunt, anno millesimo trecentesimo octogesimo quarto, in cathedralem Rivensem, ubi adhuc extant et pie recoluntur.

℟. O gloriose bellator, inclyte Martyr, Cizi, * Nobis te supplicantibus et tuum corpus sanctum venerantibus, apud Deum misericordiam et delictorum veniam impetrare digneris. ℣. Felix miles, pro fide Christi, per nequissimos barbaros malleatus fuisti. * Nobis. Gloria Patri. * Nobis.

Ant. du Benedictus. Cum lacrymis et gemitu dolet Fidelium concio ; Martyrem tumulo marmoreo condiderunt, ubi miracula infinita operantur clementia Salvatoris. Alleluia. *Breviar. Tolosan.*

Messe *In virtute.* Evangile *Si quis vult.*

Le natalice de saint Cizy est au 16 août ; mais saint Roch est si populaire, qu'il faut le mettre au 18, sauf à Rieux, où son office est de 1re classe, comme patron. Sa translation se célébrait le 19 juin. La légende a été composée avec le Propre de Rieux de 1764.

19. Saint Louis, ÉVÊQUE DE TOULOUSE. — *Double.*

Antienne. Ludovicus ingressus est coeli tabernacula, servans suae vitae gressus sine macula.

Oraison. Deus, qui Ecclesiam tuam dispensatione mirabili novis semper illustras Sanctorum tuorum splendoribus : tribue, quaesumus; ut qui beati Ludovici, Confessoris tui atque Pontificis, solemnia veneramur, ad ejus consortium pervenire feliciter mereamur. *Missal. Tolosan.*

Légende. Au supplément du Bréviaire romain.

Ant. du Benedictus. O vas omnis gratiae et verae scientiae, Praesul continentium, da salutis et virtutis tuae doctrinam gentibus.

Ant. du Magnificat. O Ludovice, quem ad regnum supernum suscepit Deus; nos precantes, te laudantes, Deo gratos, semper fac paratos ad aeternam vitam.

MESSE

Introït. Statuit.

Oraison. Comme ci-dessus.

Epître. Ecce sacerdos.

Graduel. Ecce sacerdos magnus, qui in diebus suis placuit Deo. ℣. Non est inventus similis illi, qui conservaret legem Excelsi.

Alleluia. Alleluia. O Ludovice, pauperum servus, coecorum oculus, piorum factor operum, infirmis firmus baculus; audi preces servorum et duc ad regna coelorum. Alleluia.

Evangile. Homo quidam.

Offertoire. Veritas mea.

Secrète. Sacrificia, Domine, quae in honore sancti Ludovici, Confessoris tui atque Pontificis, tuae offerimus majestati, nobis sint ad salutem efficacia et tuae placita pietati.

Communion. Beatus servus.

Postcommunion. Immensam clementiam tuam, omnipotens Deus, suppliciter exoramus; ut, intercedente beato Ludovico, Confessore tuo atque Pontifice, per haec sancta quae sumpsimus, cuncta nobis adversantia, te adjuvante, vincamus. *Missale Tolosan.*

Saint Louis a un office complet dans l'ancien Bréviaire de Toulouse ; mais le besoin de la rime le rend fort obscur dans les antiennes et les répons.

20. Mémoire de saint Calix et de saint Mercurial, MM.

Oraison. Deus, qui Mercurio et Calici, Martyribus tuis, cum infidelibus Saracenis fidei tuae inserendae ardorem contulisti, ut pro ea animas suas profundere non dubitaverint; concede, quaesumus; ut nos eorum exemplo, quando res exegerit, pro fratribus fidelibus animas ponere discamus. *Anciens manuscrits.*

Ces deux martyrs sont honorés, le premier dans la vallée d'Aure, à Vielle, dont il est patron; et le second dans la vallée de Luron, au village de Saint-Calix, auquel il a donné son nom. Ils étaient frères et ils vinrent d'Huesca pour combattre les Sarrasins. Leurs reliques, plusieurs fois reconnues par les anciens évêques de Saint-Bertrand, sont toujours conservées. On faisait la fête de saint Mercurial le 20 août, et celle de saint Calix le 14 octobre, jours de leur mort. L'église de Toulouse peut bien payer un tribut de louange à ces anciens patrons du Commingeois.

26. Saint Martory, CONFESSEUR. — *Double ou semi-doub.*

Oraison. Omnipotens sempiterne Deus, qui Filium tuum in pauperis specie super humeros beati Martyrii, Confessoris tui, portari voluisti : concede propitius; ut, qui ejus festa colimus in terris, ipsius suffragiis, in tua gloria collocari mereamur. *Propre de Comminges.*

Légende. Mala quae fecimus, per quotidiana lamenta diluamus, transactas nostras nequitias surgentia ab amore Dei et proximi recta opera superent, nulla quae possumus fratribus impendere bona recusemus. Neque enim aliter Redemptoris nostri membra efficimur, nisi inhaerendo Deo, et compatiendo proximo. Sed quia ad amorem Dei et proximi plerumque corda audientium plus exempla quam verba excitant, caritati vestrae indicare studeo, quod is qui praesto est filius meus Epiphanius Diaconus, Isauria provincia exortus, in vicina factum terra Lycaoniae, solet narrare miraculum. Ait enim, quod in ea quidam Martyrius nomine, vitae valde venerabilis Monachus fuit, qui ex suo monasterio visitationis gratia ad sectationes, forti semper animo, et ore ad hilaritatem composito, non solum patientissime tulit, sed majora pati exoptavit, ut conformis fieret imagini Filii Dei, quem unice toto cordis affectu dilexit.

℟. Dum Pibracense templum peteret, fluvius exundans, viam carpens Virginis, Germana deprecabatur Christum : * Domine, Jube me venire ad te super aquas. ℣. Et sicco pede fluvium saepe transivit, orans : * Domine.

Sive enim gregem ad pascua ageret, sive in arvis stamina e colo duceret, mente et cogitatione in Deum defixa, assiduas fundebat preces, et positis humi genibus ante Crucis signum, ardentissimi amoris aestus rerum coelestium contemplatione temperabat. Quotidie templum adire, sacrificio Missae interesse, et singulis diebus festis se divinae mensae pabulo reficere in more habuit. Deiparam Virginem singulari religione coluit, eique frequens exhibuit obsequii et pietatis officia. Charitate erga omnes affecta, pueros et puellas christianae fidei mysteriis erudire, eorumque animos ad virtutem et rectam vivendi rationem informare, egentium inopiae subvenire consuevit, detracto etiam panis frustulo quo unice vescebatur. Castitatis vero et innocentiae laudem tantam promeruit, ut ad mortem usque illibatam servaverit.

℟. Hiberno tempore, cum cibum pauperibus erogaret paupercula, ut novercam lateret, * Christus panem in rosas convertit. ℣. Ne timeas, Virgo, malesanae mulieris insectationes. * Christus.

Hanc famulae suae occultam sanctitatem Deus, editis e coelo signis, mirabiliter declaravit. Nam et fluvium aquis exundantem, dum Pibracense templum peteret, Germana sicco pede saepius transiit, et panem pauperibus erogandum, ut novercam lateret, hiberno tempore in flores convertit. Virtutibus et prodigiis illustrata, ad coelestis Agni nuptias tandem inopinato exitu emigravit, annum agens secundum supra vigesimum. Mortales virginis exuviae, anno quadragesimo et ultra postquam e vita decesserat, incorruptae et integrae, recentibusque conspersae floribus repertae sunt. Huic prodigio alia multa per annos ferme ducentos divina virtute ad tumulum jugiter patrata miracula accesserunt, quae innocentis puellae famam et nomen longe lateque propagarunt. Quibus permotus Pius Nonus, Pontifex Maximus, et virtutibus cum miraculis rite probatis, eamdem beatarum Virginum fastis primum adscripsit. Subinde vero novis fulgentem prodigiis idem Pontifex, anno millesimo octingentesimo sexagesimo septimo, ea ipsa die qua saecularia Apostolorum Principum solemnia agebantur, Sanctorum Albo accensuit. *Propre de Toulouse* (1860).

℟. Sepulchrum Virginis, glorificatum miraculis, omnes adeunt et venerantur populi, mirantes et dicentes : * Ite ad Germanam. ℣. Languores curantur, infirmi sanantur, miseri consolantur, ideoque : * Ite. Gloria Patri. * Ite.

3e Nocturne.

Ant. Caritatis officiis intenta, miseros omnes sublevabat, et pueros in doctrina fidei erudiebat.

Ant. Crucem suam ferens jugiter, mortificationem Jesu in corpore suo portabat.

Ant. O beata pastorella (1), miserorum consolatrix, intercede pro nobis ad Dominum.

Homélie. Omnes lampades habent.

℟. Stella coeli fulgida, splendens inter sidera nos ducere digneris ad regna coelestia. * Omnibus enim claruisti virtutibus. ℣. Specie tua et pulchritudine tua intende, prospere procede et regna. * Omnibus.

℟. Regnum mundi et omnem ornatum saeculi non novi, sed habeo Dominum meum Jesum Christum, * Quem vidi, quem amavi, in quem credidi, quem dilexi. ℣. Eructavit cor meum verbum bonum : dico ego opera mea Regi. * Quem vidi. Gloria Patri. * Quem vidi.

A LAUDES

Antiennes. 1. Germana, * Virgo sapiens, et una de numero prudentum.

(1) Ce mot appartient au latin du moyen âge, comme *Almificus, despicabilis, luciflua*, etc. Voyez le Glossaire de Du Cange. On peut du reste remplacer *pastorella* par *virgo*.

2. Virgo venerabilis, * in adventu Sponsi vigilans, et lampadem accensam in manibus habens, occurrit obviam Christo.

3. Stella coeli fulgida, * splendens inter sidera, nos ducere digneris ad regna coelestia.

4. Te speciosam, sanctam et Deo caram praedicant tui cordis innocentia et rosae tuae caritatis.

5. Beata civitas Tolosana, * quia Germanam divam celebravit et mirificavit hymnis et canticis.

Capitule. Fratres qui gloriatur.

Hymne. Jesu corona Virginum.

Ant. du Benedictus. Media nocte vox Sponsi facta est : Germana audivit et exultavit, et comitantibus Angelis coelum gloriosa ingressa est. Alleluia.

Ant. du Magnificat. O Germana, soror nostra, in coelis coronata triumphans, tuorum memor esto servulorum. Alleluia.

MESSE

Introït. Dominus omnium dilexit illam : doctrix est enim disciplinae Dei, et electrix operum illius. *Psalm.* Beati immaculati in via : qui ambulant in lege Domini. Gloria. * Dominus.

Oraison. Comme ci-dessus.

Epître. Sapientia vincit malitiam (1).

Graduel. Concupivit Rex decorem tuum, quoniam ipse est Dominus Deus tuus. ℣. Audi, filia, et vide, et inclina aurem tuam.

Alleluia. Alleluia. Germana, pauper et humilis, coelum gloriosa ingressa est. Alleluia.

Evangile. Decem virginibus.

Offertoire. Omnis gloria ejus filiae Regis ab intus, in finibriis aureis, circumamicta varietatibus.

Secrète. Supplices te rogamus, omnipotens Deus, ut

(1) L'ancien Missel de Toulouse a une épître pour les Vierges, qui n'est pas dans le Missel romain. On peut parfaitement la donner à sainte Germaine. *Sagesse*, chap. VIII, v. 1 à 15.

beatae Germanae, Virginis tuae, suffulti praesidio, puris mentibus et mundo corde haec sacra mysteria operemur.

Communion. Elevata est magnificentia Germanae super coelos.

Postcommunion. Divini muneris participatione refecti, quaesumus, Domine Deus noster, ut intercedente beata Germana, Virgine tua, mortificationem Jesu in corpore nostro circumferentes, tibi uni adhaerere studeamus. Per eumdem.

Il semble que Pibrac et le diocèse devraient avoir un office complet de sainte Germaine. L'oraison et la légende ne suffisent pas ici. Voilà pourquoi j'ai essayé d'en donner un.

16. Saint François Régis, CONFESSEUR. — *Double.*

Son office est au supplément du Bréviaire romain.

16. Mémoire de saint Cyr et de sainte Julitte.

Oraison. Martyrum tuorum, Domine, Cyrici et Julittae, natalitia recensentes supplices te rogamus; ut quos coelesti gloria sublimasti, tuis adesse velis fidelibus.

Secrète. Sacrificium, Domine, quod pro sanctis Martyribus tuis, Cyrico et Julitta, matre ejus, tibi offert nostra devotio, eorum meritis nobis augeantur, te donante, suffragia.

Postcommunion. Sumpti sacrificii, Domine, perpetua tuitio non relinquat; et noxia semper a nobis, intercedente beato Cyrico et Julitta, matre ejus, cuncta depellat. *Missale Tolos.*

Légende. Cyricus et Julitta mater ejus, Lycaoniae civitate Iconio, nobili genere oriundi, Tharsi in Cilicia sub Diocletiano imperatore martyrium consummarunt. Cyricus triennis infantulus, cum Julittae matris cruciatus, quae coram Alexandro praeside Christum liberrime professa, crudis nervis immanissime lacerabatur, implacabili ejulatu defleret, pedibusque et manibus praesidi, qui eum genibus suis imposuerat, pro viribus obnitens, christianum se esse proclamaret ; ab eo ex alto tribunali in subjectos gradus lapideos projectus et contritus, interiit. Julitta vero in ligno suspensa, ferreis pectinibus dilaniata, et pice bullienti perfusa, martyrii sui cursum capitis obtruncatione complevit, anno circiter trecentesimo quinto. Celeberrima est illorum sanctorum Martyrum per totam Galliam memoria, ex quo sanctus Amator, Autissiodorensis Episcopus, ex orientali peregrinatione redux, eorum corpora in Galliam transtulisse traditur. Praecipua sacrorum pignorum pars multis abhinc saeculis, Tolosae, in basilica Sancti Saturnini reposita, ibi etiamnum religiosissime asservantur. *Plusieurs Propres.*

21. Mémoire de saint Raymond, ÉVÊQUE DE BARBASTRE.

Oraison. Exaudi, quaesumus, Domine, preces nostras, quas in beati Raymundi, Confessoris tui atque Pontificis, solemnitate deferimus : et qui tibi digne meruit famulari, ejus intercedentibus meritis, ab omnibus nos absolve peccatis.

Légende. Raymundus in castro Durbanensi ad limites Conseranorum, parentibus genere conspicuis natus, militiae ab annis teneris nomen dedit. Mox in sancti Antonini Apamiarum monasterio, vitam professus regularem, tanta floruit laude virtutum, ut a Canonicis Sancti Saturnini civitatis Tolosanae Abbas electus fuerit. Hanc dignitatem assecutus, minus praefuit imperando, quam serviendo : et tanta fama praefulsit, ut causa negotiorum ultra montes Pyrenaeos progressus Barbastrum usque, fuerit omnium votis consecratus Episcopus. Suscepta animarum cura, vivendi licentiam refrenavit ; templa a Mauris diruta restauravit, Canonum leges abrogatas restituit, optimique Pastoris partes omnes implevit. Multa ardua passus, in exilium actus est. Sedi suae restitutus, principem contra Saracenos proficiscentem secutus est, et praeclara constantiae et caritatis edidit testimonia erga duces et milites exercitus dira lue laborantis. Ipse pestifero morbo correptus, post partam in hostes insignem victoriam, ad dioecesim regressum meditans, in ipso itinere sanctissime obiit. *Bréviaire de Pamiers.*

Saint Raymond fut abbé de Saint-Sernin. Il n'a laissé aucun autre souvenir. Pas d'église ni de chapelle qui lui soient consacrées.

30. Saint Martial, APOTRE. — *Double de 2e classe.*

OFFICE

Antienne. Venerandam beatissimi Patroni nostri Martialis excipientes solemnitatem devotissime celebremus : ut ipse qui, jubente Domino, Aquitanicae gentis Pastor et Doctor exstitit primus, suis obtineat meritis ut consortes ipsius efficiamur in coelestibus.

℣. Ora pro nobis, beate Martialis.

℟. Ut digni efficiamur promissionibus Christi.

Oraison. Omnipotens sempiterne Deus, solemnitatem diei hujus propitius intuere ; et Ecclesiam tuam, intercedente beato Martiale, Apostolo tuo, continua fac celebritate gaudere, atque omnium in te credentium vota perfice. *Breviar. Tolosan.*

MATINES

Invitatoire. Regem omnipotentem Dominum, qui populo Aquitanico Martialem dedit Apostolum, * Venite adoremus.

Hymne. AEterna Christi munera.

1er Nocturne.

Ant. Martialis adhuc quindecim annorum puer innocens, ad Baptismi gratiam, Deo inspirante, pervenit.

Ant. Est hic puer unus habens quinque panes et duos pisces. Accepit ergo Jesus panes, benedixit et dedit turbis.

Ant. Advocans Jesus parvulum, statuit eum in medio eorum, et dixit : Nisi efficiamini sicut parvuli, non intrabitis in regnum cœlorum.

Leçon. Sic nos existimet homo.

℟. Venerandam beatissimi Martialis solemnitatem devotissime celebremus, ut pro nobis intercedat ad Dominum * Qui Aquitanico populo ipsum dedit primum Pastorem atque Doctorem. ℣. Tota igitur mentis devotione Deum collaudemus, sanctumque nomen ejus benedicamus ovanter. * Qui Aquitanico.

℟. Salvator noster Christus Dominus, missus ad oves quae perierant domus Israel, * Puerum Martialem cum utroque parente ad sui Nominis agnitionem, et ad sacri Baptismatis gratiam perduxit. ℣. Abjecta nostrae mortalitatis perpeti non dedignans, et Evangelica documenta in Judaea praedicans. * Puerum.

℟. Percepit, jubente Christo, Martialis cum utroque parente a beato Petro, Apostolorum principe, sanctae regenerationis gratiam : * Et, relictis patre et matre, secutus est Dominum. ℣. Dixèrat namque Dominus : Omnis qui reliquerit patrem et matrem propter nomen meum, centuplum accipiet et vitam aeternam. * Et, relictis. Gloria Patri. * Et, relictis.

2e Nocturne.

Ant. Sanctus Martialis, ad praedicandum Galliis delegatus, Lemovicibus, jubente Petro Apostolo, semina fidei eroganda suscepit.

Ant. Aquitania, multorum tunc temporis idolorum addicta cultui, a divinis in omnibus oberrabat mysteriis.

Ant. Cernens beatus Petrus gentem tanto sacrilegio subjacere, ad praedicandum Jesum Christum misit Martialem Apostolum.

Légende. Praedicante Domino Jesu Christo, apud Judaeam, in tribu Benjamin, Marcellus, judaeus nobilissimus, cum uxore sua Elisabeth et filio unico Martiale, quindecim annorum aetatis, jubente Domino, baptizati sunt a beato Petro cum Matthaeo et Joseph, qui postea sepelivit Dominum. Revertentibus vero omnibus ad propria, Martialis eximiae indolis non est reversus, sed Domino et ejus Discipulatui se commendans, sociavit se Apostolo Petro, qui ei proxima affinitate conjungebatur. Hic est ille puer seu adolescens, qui quinque panes hordaceos et duos pices attulit, cum Christus quinque hominum millia satiavit ; et ipsum humilitatis et castimoniae exemplum dedit discipulis, dicens. Qui humiliaverit se sicut parvulus iste, hic est major in regno coelorum. In coena, dum ipse Salvator Corporis et Sanguinis sui mysterium instituit et sumendum fidelibus dereliquit, pedesque Discipulorum lavit, puer Martialis, jubente Domino, devotissime ministravit. In Resurrectione et Ascensione, cum Apostolis praesens fuit, et in die Pentecostes Spiritu Sancto repletus est. *Breviar. Tolosan. et Narbon.*

℟. Vespere autem facto, discubuit Jesus cum duodecim Apostolis, ut manducaret Pascha. * Martialis vero erat unus ex ministrantibus. ℣. Si quis mihi ministraverit, honorificabit eum Pater meus. * Martialis vero.

Post autem Christi in coelum Ascensionem, adjungens se Petro, Jerosolymis annos quinque, Antiochiae septem, Romae unum, fidelis ubique ac strenuus Evangelii administer mansit Martialis. Mox a divo Apostolo in Gallias cum Alpiniano et Austricliniano comitibus ad praedicandum Evangelium missus est. Austricliniano autem repente mortuo prope Elsam, Martialis Romam reversus accepit, ut pie traditur, Petri baculum, cujus contactu excitatum a mortuis Austriclinianum socium secum deduxit ; atque, in Aquitaniam veniens, civitatem Lemovicam adiit, ubi Pontificium et praecipuam Apostolatus sui sedem constituit. Etsi Lemovicensium constitutus Episcopus, non suis tantum ovibus, sed et Cadurcis, et Burdigalensibus, et Aginnensibus, et Tolosanis aliisque populis multis praedicavit ; unde a variis conciliis et summis pontificibus nomen Apostoli per Aquitaniam assecutus est. Magnis et frequentibus miraculis plurimos ad fidem adduxit. In illis fuit Leocadii filia, quae etiam hortatu Martialis virginitatem Deo vovit. Quare ira percitus Stephanus, Leocadii in gubernatione Aquitaniae successor, cui jam desponsata erat, Valeriam capite truncari jussit ; sed, repentina morte carnificis et ejus per Martialem a mortuis suscitatione convictus, Stephanus ipse Christo nomen dedit, atque ad propagandam fidem postea plurimum contulit.

℟. Euntibus Apostolis in mundum ut Christi fidem praedicarent, venerunt Romam beatus Petrus et comes illius Martialis, * Veritatem annuntiantes gentibus Deum ignorantibus. ℣. Praeceperat enim Dominus Jesus : Euntes in mundum universum, praedicate Evangelium omni creaturae. * Veritatem.

Martialis tamen, Alpinianus et Austriclinianus multa interim passi sunt ab idolorum cultoribus : nam et ab eorum sacerdotibus crudeliter verberati, et in carcerem conjecti sunt, sed ab Angelo liberati. Andreas autem et Aurelianus, praecipui falsorum deorum sacrificuli, de coelo repente tacti expirarunt ; quos tamen Martialis revocavit ad vitam. His miraculis, non solum ipsi, sed etiam alii, ad duodecim millia, conversi feruntur. Tum Martialis coepit passim evertere daemonum delubra et uni Deo templa aedificare ; jamque innumerabiles populos tota in Aquitania converterat ad fidem, cum a Christo praemonitus de die mortis, anno aetatis suae quinquagesimo nono, Apostolatus sui, in Aquitania, vigesimo octavo, ab Ascensione Domini quadragesimo, Lemovicae, pridie Kalendas Julii, in pace quievit. *Propre de Limoges.*

℟. Missus in Aquitaniam, Deo inspirante, Apostolus Martialis sedem Apostolatus sui elegit Lemovicae. * Ut ubi abundabat delictum sacrilegae superstitionis, ibi abundaret et gratia Evangelicae veritatis. ℣. Hinc coepit tota Aquitania spargere lumen fidei et tenebras dissipare idololatriae. * Ut. Gloria Patri. * Ut.

3e Nocturne.

Ant. Romam regressus sanctus Martialis, beato Petro moestus nuntiat sui comitis obitum.

Ant. Accepto Petri baculo, Austriclinianum a mortuis revocavit, et cum eo gaudens in Aquitaniam pervenit.

Ant. O felix Aquitania, tanti Praesulis illustrata doctrinis et exemplis, orationibus fulta, decorata miraculis!

Homélie de l'Evangile Designavit.

℟. O sancte et gloriose Martialis Apostole, per quem Aquitania suum agnovit Creatorem, et per cujus multitudinem miraculorum * Lemovices in suum credere coeperunt Salvatorem! ℣. O vere per omnia inclyte et ineffabilis vir, per cujus virtutem prodigiorum. * Lemovices.

℟. O Praesul beatissime! o Martialis Doctor et Pastor

Aquitaniae ! audi preces nostras, * Et intercede pro salute omnium. ℣. O gemma Praesulum, praefulgens in conspectu Domini, suscipe preces servulorum. * Et intercede Gloria Patri. * Et intercede.

A LAUDES

Antiennes. 1. Cum oraret * beatus Martialis, apparens ei Dominus, dixit : Pax tibi sit, charissime; gaudens eris mecum in splendore magno.

2. Beatus Apostolus * exultans dixit : Domine, deprecor tuam clementiam ut jubeas me recipi in tua claritate.

3. Quinto decimo die *, charissime, veniam ut recipiam te cum Angelis, et faciam haeredem regni mei.

4. Sanctissimus Praesul, convocatis discipulis, indicavit eis dissolutionem sui corporis imminere.

5. Cum advenisset * extremus dies, sanctus Martialis orabat, dicens : Dirigas iter meum ad te, Deus meus, ut tecum valeam semper gaudere.

Capitule. Fratres, jam non estis.

Hymne. Exultet orbis.

Ant. du Benedictus. O magnum Primatem, virtute miraculorum ineffabilem, Martialem Apostolum ! tua nos sublevet pietas quos nimia mergit pravitas, omnemque gregem tibi commissum digneris perducere ad gaudia Sanctis praeparata.

Ant. du Magnificat. O Pastor egregie ! o speculum Praesulum ! o Martialis Doctor et Dux Aquitaniae ! suscipe preces te deprecantium, et intercede pro salute omnium. *Propre de Limoges* (1877).

MESSE

Introït. Gaudeamus omnes in Domino, diem festum celebrantes, sub honore beati Martialis, Apostoli ; de cujus solemnitate gaudent Angeli et collaudant Filium Dei. *Psalm.* Domine, probasti me, et cognovisti me : tu cognovisti sessionem meam et resurrectionem meam. Gloria.

Oraison. Comme ci-dessus.

Epître. Ecce sacerdos. *Eccli.* L, v. 1 à 15.

Graduel. Nimis honorati sunt.

Alleluia. Alleluia. ℣. Martialis, Christi Apostolus, precibus sanctis obtineat ut cum ipso laudemus Deum in æternum. Alleluia.

Evangile. Designavit.

Offertoire. Mihi autem.

Secrète. Suscipe munera, quaesumus, Domine, quae tibi de tua largitate deferimus; ut haec sacro-sancta mysteria, intercedente sancto Martiale, Apostolo tuo, et praesentis vitae nos conversatione sanctificent, et ad gaudia sempiterna perducant.

Communion. Ego vos elegi.

Postcommunion. Praesta, quaesumus, Domine, ut sacramenti tui participatione vegetati, sancti quoque Martialis, Apostoli, precibus adjuvemur. Per. — *Missale Tolosan.*

Cet office est tiré des anciens livres liturgiques de Limoges et du Propre actuel de ce diocèse. On peut très-bien profiter au moins des antiennes des laudes et des vêpres pour le Propre toulousain, car saint Martial doit y occuper une place importante. Les oraisons de la messe sont toulousaines. J'ai seulement remplacé le mot *Pontifex* par *Apostolus*, selon la bulle de Clément VI. En outre, il est on ne peut plus convenable de remettre saint Martial au 30 juin, qui est son natalice; du reste, Léon XIII vient de mettre, au 5 juillet, la fête des saints Cyrille et Methodius. La légende est corrigée et tirée en partie de l'ancien Bréviaire de Toulouse.

JUILLET

3. S. **Raymond**, CONFESSEUR. — *Double.*

Ant. aux deux vêpres. O quam venerandus es, pie Confessor Christi : qui terrena reliquisti et coeli januam exultans petisti : modo victor fulges in virtute coelesti; ideoque supplices exoramus, ut intercedas pro nobis ad Dominum Deum nostrum.

Oraison. Deus, qui beatum Raymundum, Confessorem tuum, misericordiae visceribus implevisti; quæsumus, ut quem pauperum patrem tua gratia effecisti, benignum pro nobis intercessorem jugiter esse largiaris. Per Dominum.

Légende. Raymundus Tolosae, nobili genere natus, inter ipsa infantiae primordia, futurae sanctitatis non obscura praebuit indicia, si quidem totum se Domino in ecclesia Sancti Saturnini mancipaverit. Inter canonicos cooptatus, Capiscolii seu Cantoris dignitate insignitus est. Presbyter postmodum factus, crescente de die in diem, ejus in pauperes caritate, Eleemosinarius evasit. Hoc in munere, xenodochium sub invocatione sancti Joannis ad claustrum sancti Saturnini, sumptibus suis penitus instauratum, educandis pauperibus clericis destinavit, unde postea collegium sancti Raymundi.

℟. Iste sanctus digne in memoriam vertitur hominum, qui ad gaudium transiit Angelorum : Quoniam in hac peregrinatione, solo corpore constitutus, cogitatione et aviditate. * In illa aeterna patria conversatus est. ℣. Vinculis carnis absolutus, talentum sibi creditum, Domino suo duplicatum reportavit. * In illa.

Basilicam Sancti Saturnini mediante seculo undecimo, pene in integrum, a malignis et dementariis hominibus destructam, impensis et cura a fundamentis ad fastigium elevavit. Primaevum disciplinae regularis studium, apud confratres successu temporis imminutum, tum verbo, tum monitis ita renovavit, ut capitulorum provinciae exemplar essent et forma. Tandem virtutibus cumulatus, morbo laboribusque confracto corpore, quinto nonas julii, ineunte seculo duodecimo, coelestem patriam est adeptus, et in collegio suo inter pauperes, juxta mandatum, sepultus.

℟. Collaudabunt multi sapientiam ejus et usque in saeculum non delebitur, nec recedet memoria ejus. * Et nomen ejus requiretur a generatione in generationem. ℣. In fide et lenitate ipsius sanctum fecit illum in gloria. * Et nomen.

Pretiosam coram Domino mortem subsecuta sunt miracula, et pluribus abhinc saeculis ad concivis sui sepulcrum, variis in languoribus confugientes, præsens subsidium experti sunt. Praesertim cum anno sexcentesimo quinquagesimo secundo supra millesimum pestilentiae flagello depopulata civitate, divi Raymundi patrocinium implorantes, proceres Tolosani de elevandis et de honorificentius collocandis ejus reliquiis votum publice nuncuparunt. Quod benigne suscipiens misericors Deus iram suam avertit et pesti finem imposuit. In cujus beneficii memoriam ac grati animi monumentum, post octiduanas supplicationes, in thecis argenteis, ossa et caput tam pii protectoris condita sunt. Exeunte seculo decimo octavo, aedem reliquiae in basilicam Sancti Saturnini translatae sunt, ubi etiam nunc religiose asservantur. *Proprium S. R C. prop.*

℟. O quam beatus es pie Confessor; hodie namque chorus Angelorum te revertentem ad patriam suscepit. * Intercede pro nobis. ℣. Securus habitationem istam reliquisti et usque ad solium visionis aeternae penetrasti. * Intercede. Gloria Patri. * Intercede. *Breviar. Tolosan.*

Messe *Os justi.*

Ce saint, la gloire de Toulouse, méritait quelques antiennes et répons particuliers de l'ancienne liturgie toulousaine.

11. Saint Sabin, ÉVÊQUE ET MARTYR. — *Double.*

Ant. aux deux vêpres. Alme Confessor Domini, Praesul Regis aeterni, illius consors, Sanctorum concivis coelestium, exaudi preces tuorum, sume vota supplicum et pro nobis Regem regum ipsum posce Dominum.

Oraison. Deus, qui Ecclesiam tuam Martyrum tuorum certamine semper glorificas : concede in ea religionis augmentum, ut qui beati Sabini, Martyris tui atque Pontificis, venerantur triumphum, ejus precibus tuum sibi adesse sentiant auxilium. *Propre de Comminges.*

Légende. Sabinus Episcopus, natione italus, tanto Christi amore et tanta virtute praeditus fuit, ut a sede Apostolica in Hispaniam missus fuerit ad fidem Christianam Saracenis annuntiandam, qui jam a septingentesimo et decimo tertio hoc regnum invaserant, seque in omnes ejus provincias diffuderant ; atque etiam in regnum Galliae per varios montium flexus jam a septingentesimo vigesimo anno subierant. Sabinus itaque in destinatam provinciam profectus, in regionem Convenarum venit, quam sub eorum potestatem redactam invenit, ibique eos magno numero consedisse. Quare opportunam inchoandae praedicationis suae occasionem se nactum esse arbitratus, Christum humanae salutis auctorem docere coepit; sed in ipso primo fidei certamine ab illis furentibus ethnicis, in sylva, prope amnem Savam, interfectus est.

Christiani inclytum Martyrem sepelierunt et lapideo sepulchro condiderunt, ubi tamdiu ingloriosus jacuit quoadusque placuit omnipotenti Deo Martyris gloriam e tenebris suis in manifestam lucem proferre. Quod fecit occasione tauri, qui cum saepe a conspectu gregis et ipsius pastoris abiret, pastor, exploraturus quo discederet, plura tintinnabula collo alligavit et, sonitu bovem secutus, effodientem pedibus sepulcrum invenit, atque hoc indicio inventum est corpus Martyris Sabini. Temporum decursu, Christiani ecclesiam construxere hoc ipso loco, quo conditus fuerat, quae propterea ecclesia sylvae dicta fuit, juvantibus sumptus peregrinis et exteris, qui sepulcrum catervatim visebant, miraculorum fama, quae in eo edebantur, undique evocati.

Crescente in dies, in sanctum Martyrem fidelium cultu, Sangelasius, Convenarum Antistes, ejus corpus, anno millesimo quingentesimo nonagesimo tertio et decima sexta Augusti die, in adytum ecclesiae parochialis et intra ipsum altare majus transferri jussit. Grassantibus haeresis Calvinianae furiis, sacratissima Martyris pignora rapere et incendire voluerunt. Noluit tamen patientissimus Deus et Sanctorum suorum vindex omnia aboleri; nam extant exuviae sancti Antistitis in sua ecclesia populis etiamnunc mirabiliter frequentata. *Anciens manuscrits.*

Ant. du Benedictus. Iste est, qui pro lege Dei sui morti se tradidit; non dubitavit mori, ab iniquis interfectus est, et in aeternum vivit cum Christo : Agnum secutus est, et accepit palmam. *Breviar. Tolosan.*

Saint Sabin, dont le pèlerinage est sur la Save, était bien connu autrefois. La légende dit qu'il vint d'Italie et qu'il était évêque de Spolète. Il vint prêcher dans la vallée de la Save, où il fut martyrisé par les Sarrasins. Un acte de 1796, conservé dans les archives de la fabrique d'Escanecrabe, dit que les reliques de saint Sabin sont en vénération depuis près de mille ans, ce qui s'accorde avec la légende. Il y avait, au quatorzième siècle, une célèbre confrérie en son honneur, enrichie d'indulgences par les Souverains-Pontifes. Autrefois on invoquait saint Sabin dans toutes les maladies, et on lui offrait des *ex-voto* en cire ; aujourd'hui on l'invoque spécialement pour les fruits de la terre. Nous ne savons si le 11 juillet est le jour de sa mort ou d'une translation.

La paroisse d'Empeaux l'a pour patron ; la fabrique de cette église a un vieux registre de 1608, pour une confrérie en l'honneur du saint, approuvée par Mgr Daffis, évêque de Lombez.

Voici les paroles mêmes de la légende : « Extat in ecclesia Sabinea celebre soladitium jam ab anno millesimo trecentesimo vigesimo quarto, quod summi Pontifices maximi peccatorum remissionibus et indulgentiis decoravere. Praeterea ejus Reliquiae variae in loco asportatae sunt Caseras, in vallem caprarum, Lactorens (?) et in monasterium Savinianum dioecesis Tarbensis. — Supererant alia monumenta, quae praestantissimum sancti Martyris nomen in ecclesia testantur ; nempe diversi generis donaria acceptarum a Martyre sanationum testes locupletissimi ; ex cera crurum fulcra, manus, pedes, brachia ; nam membris capti paralitici, podagri, qui fide plena ejus ecclesiam visitant aut sanantur aut magna ex parte levantur. »

12. Saint Honest, MARTYR. — *Double.*

Oraison. Deus, qui apostolicis sancti Saturnini laboribus beatum Honestum, Martyrem tuum, associare dignatus es ; tribue quaesumus, ut ipsius merita misericordiam tuam pro nobis exorent, et fructum in nobis laborum ejus custodiant. Per Dominum. *Propre actuel.*

Légende. Sanctus Saturninus Tolosam cum beato Papulo properans, Nemausensem quemdam, Honestum nomine, sibi in itinere socium et laborum participem, assumpsit. Quem postea rite probatum necnon sacerdotio condecoratum Pampilonem, Cantabrorum urbem praecipuam, ad prædicandum Evangelium misit et huic regendae ecclesiae praeposuit. Adeo mirifice de vera religione tractavit Honestus, ut plurimos patricia dignitate fulgentes, ab idolorum cultu ad christianam fidem traduxerit, imprimis Faustum et Firminum, Faustum et

Fortunatum senatores, qui tum sacro baptismatis fonte abluti sunt.

Toletum inde perrexit Honestus, ubi Christum multo cum fructu praedicavit. Tolosam revertens, nova divini verbi disseminatione concepta, Novempopulaniam fidei lumine collustravit. Cum autem e vivis per martyrium Saturninus ablatus esset, et protopraesuli Honoratus suffectus, huic ac tempus adhaesit eumdemque ad pia Orientis loca visitanda subsecutus est.

Pampilonem ab orientali peregrinatione redux, adjutorem sibi in ministerio procurare statuit : quamobrem ad Honoratum, amantissimum in Christo, Firminum, quem liberalibus et Christianis disciplinis imbuerat, sacris ordinibus et sacerdotio initiandum dirigit. Qui quidem in Hispaniam reversus, passim pro Honesto jam sene officium praedicationis implevit. Denique laboribus et senio confectus vitam glorioso martyrio consummavit. Sacrae ejus reliquiae diversas Galliae ecclesias illustrarunt; caput autem in basilica sancti Saturnini religiossime asservatur. *Proprium Tolosanum S. R. C. propositum.*

Messe *In virtute tua.*

Le natalice de saint Honest est le 16 février; mais, depuis bien longtemps, on en fait la fête, à Toulouse, le 12 juillet, qui est très-probablement le jour de la translation de sa tête dans cette ville. Autrefois, sa fête ne se faisait qu'à la basilique de Saint-Sernin, à cause de sa relique.

28. Saint Nazaire et saint Celse, MARTYRS. — *Double.*

Ant. O egregii Martyres Christi, Nazari atque Celse, qui tam acerba pertulistis tormenta pro amore Regis aeterni ; unde exultant hodie agmina coelestia et congaudet omnis turba Christicola ex largito nobis triumpho a Domino nostro ; oramus sublimibus vestris, ut mereamur, adjuvari suffragiis.

Oraison. Sanctorum Martyrum tuorum, Nazarii et Celsi, nos, quaesumus, Domine, confessio beata communicet et fragilitati nostrae subsidium dignanter exoret.

Légende. Nazarius genitus est a patre ethnico no-

aliud monasterium tendebat, cui spiritualis Pater praeerat. Pergens itaque, leprosum quemdam, quem densis vulneribus elephantinus morbus per membra foedaverat, invenit in via, volentem ad suum hospitium redire, sed prae lassitudine non valentem.

In ipso vero itinere se habere perhibebat hospitium, quo idem Martyrius monachus ire festinabat. Vir autem Dei, ejusdem leprosi lassitudinem misertus, pallium quo vestiebatur in terram protinus projecit et expandit, ac desuper leprosum posuit, eumque suo pallio undique constrictum super humerum levavit, secumque revertens detulit. Cumque jam monasterii foribus properaret, spiritualis Pater ejusdem monasterii magnis vocibus clamare coepit : Currite, januas monasterii citius aperite, quia frater Martyrius venit, Dominum portans. Statim vero, ut Martyrius ad monasterii aditum pervenit, is qui leprosus esse putabatur, de collo ejus exiliens, et in ea specie apparens, qua recognosci ab hominibus solet Redemptor humani generis, Deus et homo Christus Jesus, ad coelum, Martyrio aspiciente, rediit, eique ascendens dixit : Martyri, tu me non erubuisti super terram, ego te non erubescam super coelos.

Qui sanctus vir mox ut est monasterium ingressus, ei Pater monasterii dixit : Frater Martyri, ubi est quem portabas? Cui ille respondit dicens : Ego si scivissem quis esset, pedes illius tenuissem. Tunc idem Martyrius narrabat, quia cum eum portasset, pondus ejus minime sensisset. Nec mirum, quomodo enim pondus sentire poterat, qui portantem portabat? Qua in re pensandum est nobis, quantum fraterna compassio valeat, quantum nos omnipotenti Deo misericordiae viscera conjungant. (Sancti Martyrii reliquiis gloriatur urbs perantiqua Dioecesis Tolosanae ad Garumnam sita, olim Calagurgis, nunc Sancti Martyrii nomine insignita.) *S. Grégoire. Homel. 39, in Luc.*

Messe *Os justi*.

On ne connaît pas le natalice de saint Martory ou Martiry. Le 26 août est certainement le jour de sa translation ; mais on ne sait pas la date. Probablement, saint Martory n'est honoré que dans le diocèse de Toulouse ; il lui faut donc un office de neuf leçons.

Martris, quod a Martyribus nomen accepit. Ibi, in antiquiori Capella, ad hoc aedificata, servantur atque summae venerationi in tota late vicinia habentur.

Ant. du Benedictus. Miles Crucis salvificae et dux Vidianus, Principem et Regem et liberatorem Dominum Jesum Christum confessus verbo, opere et sanguine lauream acquisivit, et gloriam Christi deliciis plenam adeptus, discumbere meruit nuptiali in mensa cum Sponso et Sponsa Christi matre, et cum sanctis martyribus et Angelis aeternaliter. Alleluia.

Ant. du Magnificat. O sancte Martyr, succurre nobis ; gratis accepisti, gratis tribuas nobis munera gratiae Jesu Christi. *Ancien office.*

Messe *Laetabitur justus.*

Ces antiennes et l'oraison de l'ancien office ont été prises dans la notice de saint Vidian, de M. Jammes, curé de Martres (*Vie de saint Vidian.* Toulouse, 1840). La légende a été composée avec cette même notice et le Propre de Rieux de 1764. La fête de la translation se faisait le mercredi de la semaine de la Pentecôte. On fait toujours la procession traditionnelle le dimanche de la Trinité.

Un tableau de l'église de Martres, où des cavaliers sont en guerre, doit se rapporter à saint Vidian.

27. Mémoire de saint Lizier, ÉVÊQUE ET MARTYR.

Oraison. Infirmitatem nostram.

Saint Lizier est au supplément du Bréviaire toulousain de 1553.

30. Saint Gaudens, MARTYR. — *Double.*

Oraison. Deus, qui nos ad tantam solemnitatem beati Gaudentii, Martyris tui, venire fecisti gaudentes : praesta quaesumus ; ut, qui ejus natalitia colimus, intercedentibus ipsius meritis, ad gaudia felicitatis aeternae pervenire mereamur. *Propre de Comminges.*

Légende. Gaudentius, in oppido cui nomen dedit, natus est, quinto saeculo, non alta quidem sed honesta familia. Praematurum post parentis obitum, a matre Quitteria, muliere admodum christiana, veram fidem et teneram pietatem edoctus est. Puer autem, cum ita feliciter informatus, discretionis attigisset annos, frequentius ad divinam anhelans alimoniam, adibat sanctuarium, quod beatus Saturninus, regionis apostolus, sancto Petro, Apostolorum principe, erexerat. Inde, spiritualibus expletis officiis, commisso sibi a matre gregi curam dabat quotidianam.

Tunc Tolosae dominabatur Evarix, Visigothorum rex, ariana infectus haeresi et erroris propugnator accerrimus. Qui proinde catholicos in omnes saeviebat, cujuscumque forent aetatis, sexus aut conditionis; et ideo in Convenarum partes misit praefectum sui similem, nomine Maletum. Eo tempore, Gaudentius, vix annos tredecim natus, comprehensus est, et jussus haeresim profiteri, adhibitis et promissis et minis. At, juvenis et pius ovium custos, Christum vere Deum alta voce proclamans, ait se malle mori quam veram Ecclesiae fidem negare. His auditis, ferox praefectus capitis sententiam, illico exequendam, tulit contra Gaudentium.

Igitur tyranni satellites arreptum juvenem ad locum duxerunt supplicii, non longe a praediis ubi pascebat oviculas; ibique, generosus Dei confessor, cum humi prostratus aliquamdiu orasset, suam Deo commendans animam, obtulit subridens carnifici amputandum caput. Hanc pretiosam mortem Deus illustravit miraculis : nempe gloriosus Christi Martyr, surgens e terra et truncatum caput manibus prae se ferens, confugit in ecclesiam loci (qui tunc Mansus sancti Petri dicebatur), cujus fores sponte reclusae denuo post ejus introitum clauserunt se. Mox vero, cum recessissent barbari, indigenae recollecta Martyris pignora deposuerunt in absconditum locum, et postea sepulchrum ejus miraculorum gloria decoratum magno in honore habitum fuit. Anno millesimo quingentesimo sexagesimo nono, Mongomerius haereticorum dux reliquias combussit; aliquae tamen particulae servatae sunt et coluntur in ecclesiis Sancti Gaudentii et Sancti Michaelis Montis Avesani.

Messe *In virtute tua.*

Cette légende a été composée avec la notice de M. Abadie :

Saint Gaudens, martyr. Saint-Gaudens, 1855. La vieille charte de saint Gaudens, qui est dans le Propre actuel, n'est pas une légende, mais plutôt une page d'histoire ecclésiastique, concernant les reliques du saint.

Les Bollandistes ne disent rien de saint Gaudens; il est seulement nommé dans les *Praetermissi,* et on lui donne des compagnons martyrs, ce qui est certain. On croit que le natalice de ce saint est au mois de mai; d'autres disent le 30 août, date des deux translations de 1315 et de 1661.

SEPTEMBRE

2. Saint Antonin, MARTYR. — *Double.*

Ant. Dum beatus vir Antoninus loca sanctorum gratia orationis visitaret, comprehensus a Gentilibus, pro Christi nominis confessione, gladio peremptus occubuit.

Oraison. Omnipotens Deus, fidelium tuorum indeficiens conservator, qui gloriosissimum Martyrem tuum Antoninum clarificare dignatus es; exaudi preces supplicantis Ecclesiae et praesta, ut quae devote expetit, eo suffragante, consequi mereatur.

Ant. du Benedictus. Corpus beatissimi Martyris, Christo disponente, duabus in partibus tumulandum, ut a fidelibus susciperetur, angelica cooperante navigatione, undisque fluminum famulantibus, mirabiliter deductum est.

Ant. du Magnificat. O Athleta Dei, Martyr Antonine, qui pro confessione nominis Christi mortis supplicium pertulisti, suscipe preces servulorum tuum gloriosum triumphum celebrantium, et intercede pro salute omnium populorum. *Breviar. Tolosan.*

Messe *Laetabitur justus.*

Oraison. Comme ci-dessus.

Secrète. Oblatis muneribus majestati tuae, Domine, devote supplicamus; ut beatus Martyr Antoninus gratanter exoptet hoc mysterium nobis digne percipere.

Postcommunion. Muneris sacri refectione vegetati, clementiam tuam suppliciter deprecamur, omnipotens Deus; ut beatus Martyr Antoninus tuum pro nobis imploret auxilium, semperque gaudium sempiternum.

La légende est dans les Propres d'Espagne, de Pamiers et de Rodez. Il faudrait mentionner dans cette légende les prédications du saint à Toulouse. Voir : *Saint Antonin*, par l'abbé Vaissière. Montauban, 1872.

24. Mémoire de saint Ysarn, ABBÉ.

Oraison. Intercessio.

Saint Ysarn est né à Toulouse. Si on veut sa légende en 9e leçon, on la trouvera dans le Propre de Marseille.

25. Mémoire de saint Firmin, ÉVÊQUE ET MARTYR.

Oraison. Infirmitatem nostram.

Cet évêque est un disciple de saint Saturnin; il devint le premier évêque d'Amiens. Il n'a laissé absolument aucune trace dans nos pays. Pas d'église, pas de chapelle qui lui soient consacrées.

28. Saint Exupère, ÉV. DE TOULOUSE. — *Double de 2e cl.*

Antienne. Hic est fratrum amator et populi Israel; hic est, qui multum orat pro populo et universa civitate.

Oraison. Omnipotens sempiterne Deus, qui beatum Exuperium, Confessorem tuum atque Pontificem, doctrinis ac virtutibus clarere fecisti : concede Ecclesiae tuae; ut, ejus assidua intercessione, particeps fiat coelestis gloriae. *Breviar. Tolosan.*

Légende. Exuperius, natus Arrei, in valle quae vulgo Aura dicitur, in dioecesi Convenarum, a primis aetatis suae annis ita mores suos excoluit ut ad supremum ecclesiae Tolosanae sacerdotium post obitum sancti Sylvii a clero et populo evehi meruerit. Talis autem tantusque fuit in hoc munere obeundo ut primus inter praesules enumeretur, qui tunc in Galliarum ecclesiis maxime praefulgebant, imo et ipsi Tolosatum apostolo Saturnino omni ex parte compararetur. Innocentium primum de multis consuluit, librorumque ab eo Scripturae sacrae canonum et numerum expetiit. Sancti martyris Saturnini memoriam maxima veneratione prosequebatur, utque ejus cultum sanctius et efficacius propagaret, magnifico templo sub ipsius nominis invocatione a sancto Sylvio inchoato fastigium imposuit. Illuc etiam post haec sacras ejus reliquias e loco ubi prius sepultae fuerant, religiose transtulit. Fanum Tolosae, jampridem Minervae consecratum, solemni ritu in honorem Deiparae Virginis, quod hodie Tolosates Deauratam vocant, dedicavit.

Tanta erga pauperes ardebat charitate ut, omni re domestica erogata, ad extremam pene redactus penuriam, ipse sibi subtraheret alimenta, esuriens pasceret alios, et ore pallente jejuniis fame torqueretur aliena; et ex hoc modo bonus pastor daret animam suam pro ovibus suis. Verum cum non esset haec tam arcta parcimonia sufficiens ad sublevandos pauperes, ipsi Christo, si fas est dicere, sacram supellectilem subtraxit : venditis enim vasis sacris aureis et argenteis, quae cultui divino dedicata erant, et in eleemosinas distributis, audaci sed humili in Deum fide, corpus Domini in canistro vimineo, sanguinem portabat in vitro. Ad Ægypti et Palestinea solitarios qui ex defectu exundationis Nili fame consumebantur per Sysinnium monachum largas eleemosinas transmisit. Tolosam à furore Vandalorum caeterarumque ferocissimarum nationum Gallias universas devastantium liberavit.

Dignissimus totius fidei religionisque custos a venenatis ac pestiferis doctrinis, quae Ecclesiam Christi tetro odore tunc temporis inficiebant, verbi Dei praedicatione populum suum et clerum non desiit illusos servare. Cum praesertim per Desiderium et Riparium, dioecesis suae parochos, audisset Vigilantium contra veram fidem errores disseminare, hac de re Hyeronimum monendum curavit, eumque ad ejus confutandos errores invitavit. Pravitatem simoniacam tanta prudentia tamque feliciter delevit ut eum hisce laudibus efferret Hyeronimus : Exuperius absque funiculo et increpatione cathedras vendentium columbas, id est dona Spiritus Sancti, mensasque subvertit, mammonæ et nummulariorum aera dispersit, ut domus Dei domus vocetur orationis et non spelunca latronum. Tandem consummato opere ad quod missus fuerat, Blagnaci prope Tolosam, obdormivit in Domino; ibique sepultus fuit. Deinceps fuerunt reliquiae ejus translatae Tolosam. *Proprium Convenar.* (1734).

Ant. du Benedictus. Sacerdos egregius, et Christi signifer Exuperius, qui avaritiam de domo Domini stirpitus eliminavit. *Propre de Saint-Sernin* (1672).

Ant. du Magnificat. O consors coelestis gloriae perennis, praesentem catervam, sanctissime Praesul Exuperi, exorantem impetra tecum regnare : fidelium quoque vota populorum ad summum bonum dirige, eosque Christo cohaerere obtine sedula prece.

MESSE

Introït. Dispersit, dedit pauperibus *ou* Gaudeamus.

Oraison. Comme ci-dessus.

Epître. Ecce sacerdos.

Graduel. Ecce sacerdos magnus.

Alleluia. Alleluia. Beatus Exuperius, Tolosanus Episcopus, requievit; quem susceperunt Angelorum chori laetantes. Alleluia.

Evangile. Nolite thesaurizare.

Offertoire. Veritas mea.

Secrète. Vota populi tui, aeterne Deus, clementer suscipe; et, intercedente beato Exuperio, Confessore tuo atque Pontifice, superni muneris sibi participari concede.

Communion. Beatus servus.

Postcommunion. Refecti, Domine, coelestibus sacramentis, tuam exoramus clementiam; ut, intercessio beati Exuperii, Confessoris tui atque Pontificis, ad gaudium nos faciat pervenire supernum. Per. *Missale Tolos.*

Je n'ai trouvé ici que deux antiennes traditionnelles. L'ancienne liturgie toulousaine lui donnait l'office du Commun des Pontifes;

cela valait encore mieux que cette série interminable d'antiennes incolores, qui est dans le Propre actuel.

Saint Exupère doit avoir sa légende de trois leçons; on peut bien abandonner les deux lettres de saint Jérôme du 2e nocturne; l'homélie de ce saint suffit.

OCTOBRE

6. Mémoire de sainte Foy, VIERGE ET MARTYRE.

Ant. Ego non solum alligari, sed et mori parata sum propter nomen Domini Jesu Christi.

Oraison. Deus, qui praesentem diem beatae Fidis, Virginis, martyrio facis esse solemnem; praesta Ecclesiae tuae, ut cujus meritis gloriatur ejus precibus adjuvemur.

Secrète. Suscipe, Domine, preces et hostias meritis beatae Fidis, Virginis et Martyris, tibi dicatas: et concede, ut ejus nobis sint supplicatione salutares, cujus sunt veneratione solemnes.

Postcommunion. Quos refecisti, Domine, coelesti convivio; beatae Fidis, Virginis et Martyris, juvante patrocinio, supernorum civium fac dignos collegio.

14 Mémoire de S. Béat et de S. Privat, ÉV. ET MARTYRS.

Oraison. Beatorum Martyrum pariterque Pontificum, Beati et Privati nos, quaesumus, Domine, festa tueantur; et eorum commendet oratio veneranda.

Autrefois l'église de Saint-Béat devait faire un office solennel de ces deux saints, car on trouve dans de vieux manuscrits l'oraison suivante :

Deus, qui hanc Ecclesiam reliquiis Pontificum tuorum, Beati et Privati, donare dignatus es; concede nobis, qui tanto munere gloriamur, eorum fidem imitari et exempla sequi, et ita te diligere, ut cum jusseris, animas quoque nostras pro te fundere parati simus.

Voici l'hymne de ces deux saints, précédée de ces mots : *Sancti Beatus et Privatus Pontifices et Martyres ex Germania.*

Beate, nostrum tu decus,
Consorte Privato tibi,
Tu gentis inclytum caput,
Supremus urbis conditor.

Ferox canet Germania
Quae bella pro Christi fide
Tulistis et quae praelia,
Vestramque miretur fidem.

Nos ossa vestra condimus,
Quae Carolus dedit pius,
Hic hospites, alto jugo
Totis radiatis montibus.

Vos, urbis et templi faces,
Ad astra corda tollite;
Sis, Christe, dux; sis semita,
Tu solus ad Patrem via.
Praesta Pater piissime, etc.

16. Saint Bertrand, ÉVÊQUE. — *Double de 2e classe.*

Antienne, Capitule et *Hymne* de laudes.

Ant. du Magnificat. O pie Bertrande, bone Pastor, Praesul amande, tu venerande Pater, precibus nos protege semper.

Oraison. Deus, qui solus es bonus et sine quo nullus est bonus vel sanctus; meritis et intercessione beati Bertrandi, Confessoris tui atque Pontificis, jube nos tales fieri, qui non debeamus tua bonitate privari. Per.

A MATINES

Invitatoire. Christum Pastorum Principem, * Venite Adoremus.

Ant. Impia consilia vitans, mente pia, felix in Domini lege meditatur nocte et die.

Ant. Supra Sion montem, tu rex, praecepta Domini secutus.

Ant. Contra te multiplicantur hostes; susceptor clypeus est tuus ipse Deus.

Leçon. Fidelis sermo.

℟. O quam glorifica Bertrandus luce coruscat. * Et quam magnifica plebs ejus laude resultat. ℣. Nos prece mirifica Deus ejus in astra coronet. * Et.

℟. Plebs devota, Deo laudes attolle canendo. * Dic tua vota, Bertrandi festa colendo. ℣. Ut te ducat, eo duce salvet et ipse regendo. * Dic.

℟. O pie Confessor, a nobis saepe vocatus. * Sis intercessor, nostros solvendo reatus. ℣. Coeli possessor, coelum largire rogatus. * Sis. Gloria. * Sis.

2e Nocturne.

Ant. Te, Pater, orantem Deus audit, teque vocantem lumine signavit, te signis mirificavit.

Ant. Scuto virtutis galeaque salutis Christus eum tegit, ut antiquum procul expellat inimicum.

Ant. O quam mirandum nomen Domini; quem meritis donat, hunc coelo laude coronat.

Légende. Bertrandus genere clarissimus, natus est in Vasconia circa medium undecimi saeculi apud Ictium Castrum, quod nunc Insula Jordanis vocatur, in dioecesi Tolosana. Patrem habuit Athonem Raymundum, matrem vero Guillielmi comitis Tolosani filiam. Jam inde a pueritia egregiam animi indolem pietatis studio cumulavit. Adolescens, abjecto militiae cingulo quod sumpserat, mundo valefecit, ut Christo soli adhaereret, adjunxitque se collegio Canonicorum regularium Ecclesiae Tolosanae: ibi omni virtutum genere, sed obedientia potissimum et humilitate claruit; cum, salva morum comitate, nihil sibi de nobilitatis antiquissimae juribus vindicans, omnibus se libentissime subderet. Accedebat pia in edomando corpore crudelitas, atque in frenandis, jejuniorum, vigiliarum et orationum ope, cupiditatibus, invicta constantia. Paulo post ejusdem Ecclesiae creatus archidiaconus, illud munus singulari zelo ac vigilantia adimplevit, nulla omnino re praetermissa, quae ad Ecclesiae decus et animarum salutem pertineret.

℟. Dulcia corde pio resonemus cantica Christo. * Munere propitio mundo nos servet isto. ℣. Post vitae cursum, perducat ad aethera sursum. * Munere.

Exinde longius diffusa virtutum fama, defuncto Oggerio Convenarum Episcopo, communi omnium ordinum voto, invitus et lacrymans, ad regendam illam Ecclesiam assumitur, et a Guillielmo, Auscitano Archiepiscopo, avunculo suo, in celebre sanctae Mariae templo, consecratur. Pontifex ordinatus Bertrandus, pietatis officio plus solito incubuit; orationi instantius vacans, corpus cilicii asperitate et continuis jejuniis severius in dies coercebat. In praedicando Dei verbo assiduus, in erudiendo grege suo diligens, singulas ipse ecclesias pastor sollicitus visitabat. Cathedralem ecclesiam a pluribus saeculis collapsam restaurari curavit, et claustro cingi, in quo Canonicos habitare voluit, quibus regulam sancti Augustini, quam ipse sequebatur, sancivit. Tanta fuit ejus fama, ut multi e diversis regionibus ad oppidum cui sancte praeerat convenerint, et domos in monte jamdudum incolis vacuo, in quo prius civitas fuerat aedificata, erexerint, ipso ad constructionem sumptus suppeditante.

℟. Gemma sacerdotum, populum nunc respice totum. * Qui se devotum reddit, fac crimine lotum. ℣. Hostibus ignotum coelestibus exhibe votum.

Amore divino incensus et animarum salutis cupidissimus, innumeros e vitiorum coeno ad meliora reduxit; non ardui montes, non inaccessae valles, non praeruptae rupes, non devia eum morabantur itinera : hinc multis miraculis tanti viri sanctitatem, etiam dum viveret, testari voluit Deus. Morti proximus, ad altare Beatae Mariae deferri voluit, ubi, post fusas ad Deum preces, data populo benedictione, obdormivit in Domino, decimo septimo kalendas novembris, anno Christi centesimo vigesimo tertio supra millesimum, episcopatus sui fere quinquagesimo. Sepultus est in majori ecclesia, ante oratorium sanctissimae Dei Genitricis. In sanctorum album ab Alexandro tertio relatus, plurimis clarus miraculis, tanta cum veneratione colitur, ut ecclesia cathedralis, et ipsa civitas, cujus patronus est, ejus nomine insigniantur. Petente Hyacintho sanctae Ecclesiae Romanae cardinale Diacono, Vitalis protonotarius, elapsis ab ejus morte quadraginta circiter annis, vitam conscripsit.

℟. Sanctus Bertrandus clemens, dulcisque benignus, * Prudens et justus, fortis, mitisque, modestus. ℣. Solvat vincla reis et reddat lumina coecis, infirmos sanet, cunctisque petita ministret, * Prudens. Gloria Patri. * Prudens.

3e Nocturne.

Ant. Qui maculas nescit virtutum culmine crescit, lumine clarescit, in sancto monte quiescit.

Ant. In virtute tua se rexit Bertrandus; Deus assidua prece sua nos regat et tueatur.

Ant. Hic manibus mundis, et puro corde jucundus, in montem ascendit et nobis sua dona rependit.

Homélie de l'Evangile. Ego sum Pastor bonus.

℟. O felix Pastor, servos audi famulantes. * Erige lapsos, corrige pravos, dirige justos. ℣. Omnia pelle mala, cuncta precare bona. * Erige.

℟. Inclyte Bertrande, vitae meritis venerande, mente Deo carus, * Ut mundo sanguine clarus, plebs tibi devota sua gestit promere vota. ℣. Pro cujus venia prece posce pia. * Ut. Gloria Patri. * Ut.

A LAUDES

Antiennes. 1. Regnabit Dominus semper in aevum; qui regnare facit Sanctum virtute decorum.

2. Omnis terra Deo jubilet, qui cuncta creavit et Sanctum mirificavit.

3. Ad te de luce vigilat Bertrandus, quo largire nobis aeterna praemia benignus.

4. Coelorum Domino benedicite coeli; omnium Domino benedicite cuncti.

5. Coeli coelorum laudent Sanctum sanctorum, donantem regnum aeternum.

Capitule. Ecce sacerdos magnus.

Ant. du Benedictus. O Bertrande, Pastor bone, ad coelestis nos coronae introducas bravium. Alleluia.

A TIERCE

℟. *br.* O pie Confessor * A nobis saepe vocatus. O pie

Confessor. ℣. Sis intercessor nostros solvendo reatus. * A nobis. Gloria Patri. O pie Confessor.

℣. Ora pro nobis beate Bertrande. ℟. Ut digni efficiamur promissionibus Christi.

A SEXTE

℟. *br*. Sancte Bertrande Confessor Christi, * Audi rogantes servulos. Sancte. ℣. Et impetratam nobis coelitus tu defer indulgentiam. * Audi. Gloria Patri. Sancte Bertrande.

℣. Ora pro nobis beate Bertrande. ℟. Ut digni efficiamur promissionibus Christi.

A NONE

℟. *br*. Ora pro nobis * Beate Bertrande. Ora. ℣. Ut digni efficiamur promissionibus Christi. * Beate. Gloria Patri. Ora pro.

℣. Amavit eum Dominus et ornavit eum. ℟. Stolam gloriae induit eum.

A VÊPRES

Ant. et *Hymne* de laudes.

Ant. du Magnificat. O pie nos serva, cui psallit populi caterva; hostes enerva, nos protege, nosque guberna.

MESSE

Introït. Gaudeamus omnes in Domino, diem festum celebrantes sub honore sancti Bertrandi, de cujus solemnitate gaudent Angeli et collaudant Filium Dei. *Psalm.* Dominus regit me et nihil mihi deerit; * in loco pascuae ibi me collocavit. Gloria. Gaudeamus.

Oraison. Comme ci-dessus.

Epître. Ecce sacerdos.

Graduel. Ecce sacerdos magnus, qui in diebus suis placuit Deo. ℣. Non est inventus similis illi, qui conservaret legem Excelsi.

Alleluia. Alleluia. Beatus vir sanctus Bertrandus, Convenarum episcopus, requievit; Deum laudemus cum Angelis atque Archangelis, Thronis et Dominationibus. Alleluia.

Evangile. Ego sum pastor bonus.

Offertoire. Inveni David servum meum.

Secrète. Sancti Confessoris tui atque Pontificis, Bertrandi, quaesumus, Domine tuere praesidiis; ut ejus semper intercessionibus adjuvemur.

Communion. Fidelis servus.

Postcommunion. Praesta, quaesumus, omnipotens Deus, ut de perceptis muneribus gratias exhibentes, intercedente beato Bertrando, Confessore tuo atque Pontifice, beneficia potiora sumamus. Per. *Missale Tolosan.*

Cet office est fort ancien et doit être conservé. Il y a l'hymne *Magni natalae Praesulis,* qu'on pourrait prendre aussi. Il a fallu adoucir quelques antiennes, qui sont rimées.

On célébrait autrefois trois fêtes de saint Bertrand : la translation de ses reliques (16 janvier); son apparition ou révélation (2 mai), et sa mort ou son natalice (16 octobre). Ces trois fêtes sont dans le Propre de Comminges (1734), et dans le Bréviaire de 1770. Malheureusement, on ne trouve plus dans ces deux livres les formules de l'ancien office; tout y fut changé et remis à neuf. Il faut se méfier surtout du Bréviaire et du Missel, où l'on mit une nouvelle oraison *Familiam* et une préface parisienne.

On célébra aussi, pendant longtemps, la fête de la restitution des reliques (31 mars), et celle de la délivrance de la ville (8 juin).

17. Les SS. Puelles, VIERGES ET MARTYRES. — *Double.*

Ant. Istae Sanctae Puellae colunt Regem justitiae, et exorant pro patria.

Oraison. Omnipotens sempiterne Deus, qui mirabilia facta non desinis operari; concede familiae tuae; ut, interveniente beatarum Puellarum suffragio, majestatem tuam in superna Jerusalem intueri valeamus. Per.

Invitatoire. Regem Puellarum Dominum * Venite adoremus Dominum.

Légende. Sanctus Saturninus, veniens apud Oscham et inde verba vitae disseminans, reperit ibi duas Puellas, filias regis Oschae, quas docens et in fide Christi instruens, patre earum ignorante, regeneravit aqua baptismatis. Apostolum secutae sunt discedentem et Tolosae venerunt. Sanctae Puellae orationibus, jejuniis et aliis piis operibus insistebant, corpus macerabant et vitam celibem ducebant; nulli malum pro malo sed e contra bonum pro malo reddebant et pauperes prout poterant sustentabant. *Breviar. Tolosan.*

Dum beatus Saturninus, tauro alligatus, per Capitolii gradus praeceps fieret, istae Virgines, sexus imbecillitatem vincentes, viris omnibus fortiores et sacerdotis sui exemplo animatae, sanguinem ipsius in suis vasculis collegerunt cum cerebro, corpusque exanime, ligneo feretro immissum, quam maxime profundo loco condiderunt, ut venerandas sanctasque Reliquias, non tam sepelire quam abscondere viderentur, ne forte sacrilegi furoris homines, si aliquid honoris corpori tumulato viderent adhiberi, statim in frusta dispergerent vel eriperent.

Quo facto, sacerdotum paganorum auctoritate, Puellae usque ad sanguinem flagellatae sunt; et, exules factae, adeunt oppidum, quod olim Recaudum, jamque sortito nomine dicitur Mansus Sanctarum Puellarum; ibique in summa sanctitate reliquum vitae tempus degentes, coelestem patriam adeptae sunt. Quarum corpora in campestri loco a fidelibus sepulta, multis miraculis manifesta, cum inventa fuissent in honore habita sunt; magnaque populorum devotione e tumulo elevata, multis retro saeculis, pio fidelium concursu magnam habuere venerationem, donec ab haereticis combusta sunt, et sacri cineres dispersi.

℣. Exultabunt Puellae in gloria. ℟. Laetabuntur in cubiculis suis.

Ant. du Benedictus. Messores regiae agri dominici athletae Saturnini cruorem colligunt, dum tauro trahitur; multum dolentes de nece Martyris.

Ant. du Magnificat. Flagellabantur Puellae regiae pro nomine Christi; luminosa sedilia nunc possident in coelis.

MESSE

Introït. Gaudeamus.

Oraison. Comme ci-dessus.

Epître. Confitebor.

Graduel. Dilexisti.

Alleluia. Alleluia. Puellae sunt speciosae, luce solis gloriae redolentes, sicut rosa. Alleluia.

Evangile des Vierges.

Offertoire. Filiae Sion exultent in Rege suo; laudent nomen ejus in choris et tympano. Alleluia.

Secrète. Summa majestas Deus, sacrificium, quod tibi in honore beatarum Virginum Puellarum offertur, clementer assume; nosque, earum meritis, emunda a maculis peccatorum. Per.

Communion. Hae novellae olivarum in circuitu mensae Domini, et ornatae sertis aureis, sicut Regis filiae. Alleluia.

Postcommunion. Satiati divini sacramenti libamine; clementiam tuam, omnipotens Deus, imploramus; et intercessione beatarum Puellarum, praesentem catervam conserva et dirige ad superna. Per. *Missale Tolosan.*

Ces saintes, qui sont à leur natalice, ne doivent pas céder leur place, même à la B. Marguerite-Marie. L'opinion qu'elles étaient filles d'un roi est celle du Bréviaire de Toulouse ; il faut la maintenir.

20. Mémoire de saint Caprais, ÉVÊQUE ET MARTYR.

Oraisons de la messe *Sacerdotes Dei.*

21. Sainte Ursule et ses Compagnes, V. ET M. — *Double.*

L'office est au supplément du Bréviaire romain. L'ancien Bréviaire de Toulouse a un office complet de cette fête. En voici trois antiennes :

Antienne. O felix Germania, tam decoro germine Virginum ornata : beata Colonia, pretioso sanguine Martyrum dicata; juste laetaris quae thesauro super aurum nobili ditaris.

Ant. du Benedictus. Benedictus es, Rex gloriae, qui palmam victoriae dedisti fragilibus, et sexum sine viribus vincere fecisti daemonis virtutem; quarum pie precibus nobis supplicantibus tribuas salutem.

Ant. du Magnificat. Flos campi et lilium convallium, Jesu Christe, qui es Sponsus et amor Virginum; quam jucundum interesse tuo semper conspectui, quem laudantes prosequntur virginales cunei; ubi dulcis resonat melodia; virgo Ursula simul cum Maria frequenter ingeminat : Tibi, Christe, sit laus et gloria.

23. Sainte Suzanne de Babylonne.

L'office de sainte Suzanne est dans le Propre de Saint-Sernin de 1672. Je suis étonné qu'on ne l'ait pas mis dans le Propre actuel de la basilique, imprimé en 1873. Ce Propre contient les offices de saint Georges, double (23 avril); de saint Cyr et sainte Julitte, double (16 juin); de saint Gilles, double (1er septembre); des saints Claude, Nicostrate, Symphorien, Castor et Simplice, double (13 novembre); des saints Ascicle et Victoire, double (17 novembre); de saint Edmond, double (20 novembre). L'ancien Propre contenait encore, outre sainte Suzanne, saint Gilbert, double (4 février); saint Loup, double (29 juillet); saint Caprais, double (20 octobre); la plupart des autres saints diocésains et plusieurs translations ou élévations de reliques.

24. Saint Raphaël, archange. — *Double-majeur.*

Au supplément du Bréviaire romain.

25. Saint Front, ÉVÊQUE. — *Double.*

Ant. Sacerdos Christi Fronto, Petri Apostoli discipulus, cum Georgio presbytero, magnam gentis multitudinem ad Christum convertit; hujus pius pro nobis, quaesumus, sit interventor in coelis. Alleluia.

Oraison. Veneranda nos, Domine, praesentis festivitatis beatissimi Apostoli tui, Frontonis, tibi commendet oratio, per quam peccatorum nobis veniat remissio, et tuae propitiationis optata miseratio.

Légende. Beatissimus Fronto, ex Lycaonia regione de tribu Juda oriundus, patre vero Simone et matre Frontonia genitus, unus fuit ex septuaginta duobus, quos sibi in discipulos Dominus Noster Jesus Christus elegit. Post

Ascensionem Domini, sancto Petro, cujus in baptismate filius erat, adhaesit, et cum illo, Antiochiae primum, deinde Romae aliquamdiu commoratus est. Ab eodem Apostolorum principe episcopus ordinatus, in Gallias una cum beato Georgio ad praedicandum Evangelium directus est. Relicta igitur Roma, pergebant simul ad sibi propositum, uno ore et uno corde Deum laudantes, sanctus Fronto et beatus Georgius, et, itinere trium dierum emenso, mortuus est Georgius, illumque beatus Fronto cum baculo, quem cito Romam reversus, a sancto Petro acceperat, ad vitam revocavit.

Sanctus autem Fronto et Beatus Georgius, quod coeperant iter explentes, ad Velaunorum urbem pervenerunt, ibique ab invicem sunt separati, prius tamen baculo sancti Petri in duas partes diviso, ut quisque suam haberet. Remanente igitur apud Velaunos beato Georgio, sanctus Fronto Petrocoriorum civitatem, sibi peculiari studio a beato Petro commendatam, adiit. Idololatriae deditam civitatem ingressus, falsorum deorum vanitatem, verae sempiternaeque Deitatis fidem summo labore et incredibili constantia praedicare non cessavit; multa edidit miracula: septem mortuos suscitavit, filiam a daemonio diu vexatam liberavit, fanumque signo crucis destruxit. Beatissimae Virgini Mariae, Protomartyri Stephano, beatoque Apostolo Petro, templa aedificavit.

Commota autem eo tempore crudeli persecutione, plurimi ex ejus discipulis, inter quos Frontasius, Severinus, Severianus, et Silanus, martyres Christi effecti sunt. Sanctus autem Fronto, in exilium missus, multas regiones apostolico gressu peragravit, ubique praedicans Evangelium regni Dei. Apud Nogeliacum, dum sacra perageret, vino deficiente, columbam de coelo vinum rostro suo illi detulisse legitur. Funeribus sanctae Marthae sicut promiserat, cum Christo mirabili modo praesente adfuit. Recedens vero, Tolosam pervenit, ubi sanctum Saturninum martyrii gloria jam coronatum invenit. Plaudente tota civitate templum, cujus fundamenta sanctus Martialis posuerat, in honorem protomartyris Stephani consecravit, et juvenem in Garumna submersum ad vitam revocavit. Exinde, sedata tempestate, ad proprias oves rediit. Cumque tempus advenisset ut sanctus apostolus promissam sibi a Domino coronam acciperet, de die et hora mortis suae a Christo mirabiliter praemonitus, convocavit fideles et designavit sepulcrum suum juxta discipulos martyres. Denique inter orationes et omnium lacrymas placide obdormivit in Domino, octavo kalendas novembris, anno quadragesimo secundo post Passionem Domini.

Ant. du Benedictus. Benedictus es, Domine Deus Israel, quia memor testamenti tui famulum tuum Frontonem, post conversum populum gentilem, in sanctitate et justitia coram te conversatum, hodie per Angelos ad coelum in viam pacis direxisti.

Ant. du Magnificat. Sanctus Apostolus Fronto, hodie absolutus vinculis carnis, magnificat anima sua Dominum in coelis; cujus precibus ut protegamur petimus ab omnibus adversis, et sociemur aeternis gaudiis in coelis.

Messe *Statuit.*

La légende de saint Front est tirée, en partie, du Propre de Périgueux (1629) et du Propre de Saint-Sernin (1672).

31. Saint Quentin, MARTYR. — *Double ou Semi-double.*

Ce saint est dans les anciens livres liturgiques de Toulouse.

Patrocinium B. M. V. — *Double majeur.*

Cette fête se célèbre un des dimanches d'octobre.

Antiennes et *Capitule* de laudes.

Hymne. Ave maris stella.

℣. Ora pro nobis sancta Dei Genitrix. ℟. Ut digni efficiamur promissionibus Christi.

Ant. du Magnificat. Virgo Maria, non est tibi similis nata in mundo, inter mulieres : florens ut rosa, fragrans sicut lilium; ora pro nobis sancta Dei Genitrix.

Oraison. Supplicationem servorum tuorum, Deus miserator exaudi; ut, qui in festivitate patrocinii Dei Genitricis et Virginis congregamur, ejus intercessionibus, ab instantibus periculis eruamur. Per.

A MATINES

Invitatoire. Regem Virginis Filium. * Venite adoremus.

Hymne. Quem terra.

1er Nocturne.

Ant. Quam pulcra es et quam decora, carissima; statura tua assimilata est palmae.

Ant. Haec est illa stella maris, per quam fulsit lux solaris, cujus juvamen imploramus.

Ant. O Maria, hortus conclusus, naufragati mundi portus, Filium nobis redde placatum.

℣. Sancta Dei Genitrix, Virgo semper, Maria. ℟. Intercede pro nobis ad Dominum Deum nostrum.

Leçons. Quae est ista.

Bénédiction. Alma Virgo virginum intercedat pro nobis ad Dominum. Amen.

℟. Solem justitiae Regem paritura supremum, * Stella Maria maris felix processit ad ortum. ℣. Cernere divinum lumen gaudete fideles. * Stella.

Bénéd. Beatae Mariae intercessio sit peccatorum nostrorum remissio. Amen.

℟. Stirps Jesse virgam produxit, virgaque florem, * Et super hunc florem requiescit Spiritus almus. ℣. Virgo Dei Genitrix virga est, flos Filius ejus. * Et super.

Bénéd. Castitatem mentis et corporis concedat nobis Filius Mariae Virginis. Amen.

℟. Ad nutum Domini nostrum ditantis honorem, * Sicut spina rosam genuit, Judaea Mariam. ℣. Ut vitium virtus operiret, gratia culpam. * Sicut. Gloria Patri. * Sicut.

2e Nocturne.

Ant. Flos, in floris tempore, ad locum floris mittitur; sic de floris corpore gloriose concipitur.

Ant. Jesus flos, flos Maria; uterque ipsius floris flos Nazareth patria : plena sunt decoris omnia.

Ant. Ros coelestis gratiae in utero perfunditur : mater misericordiae ut stella splendens oritur.

℣. Speciosa facta es et suavis. ℟. In deliciis tuis, sancta Dei Genitrix.

Sermo S. Chrysostomi. Dei Filius.

Bénédiction. Deleat nostra crimina, qui natus est de Virgine Maria. Amen.

℟. O beata progenies, o veneranda species, unde surgit ut aurora Maria, Virgo decora. * Quae protulit mundo solem, veram Dei Patris prolem. ℣. Haec merito dicta super omnes est benedicta. * Quae.

Bénéd. Emundet nos ab omni crimine, qui natus est de Maria Virgine. Amen.

℟. Arca Dei in qua reconditur dulce manna, cibus aethereus, quo plebs Dei reficitur. * Est Mariae venter virgineus. ℣. Thalamus Regis gloriae quo jungitur Ecclesiae. * Quae.

Bénéd. Filius matris Virginis eruat nos a peccatis et vitiis. Amen.

℟. Alma Virgo propositum nunquam nubendi statuit. * Semper Dei placitum in hoc voto supposuit. ℣. Gratus virga Joseph flos emicat et hunc sponsum Virginis indicat. * Semper. Gloria Patri. * Semper.

3e Nocturne.

Ant. Paradisi porta per Evam cunctis clausa est, et per Mariam Virginem iterum patefacta est.

Ant. Benedictus Virginis Filius, replens matrem misericordia; advocatam dans hanc propitius, ne sit quisquam anceps de venia.

Ant. Rex virtutum sibi mirabilem Matrem fecit, mitem et humilem, omnique dote spectabilem.

℣. Benedicta tu in mulieribus. ℟. Et benedictus fructus ventris tui.

Homélie.

Bénédiction. Evangelica lectio sit nobis salus et protectio. Amen.

℟. Candida virginitas Paradisi cara colonis, hortus conclusus florenti cespite vernans. * Cui merito mundus celebrat praeconia totus. ℣. Quae meruit Dominum progenerare suum, ipsa suo nato nos reddat florida Virgo. * Cui.

Bénéd. Sancta Dei Genitrix sit nobis semper auxiliatrix. Amen.

℟. O quam puram, quam sanctam decuit Matrem esse, quae Deum genuit, lacte quoque uberum aluit. * Strinxit ulnis, manibus tenuit. ℣. Tanto Regi fit tam domestica quem vestivit humana tunica. * Strinxit. Gloria Patri. * Strinxit.

Bénéd. Intellectum sancti Evangelii aperiat nobis Jesus Christus Filius Dei. Amen.

Ou encore. Per Evangelii verbum possideamus coeleste regnum. Amen.

A LAUDES

Antiennes. 1. Tota pulchra es, * amica mea; macula non est in te : favus distillans labia tua ; mel et lac sub lingua tua ; odor unguentorum tuorum super omnia aromata.

2. Gaude, Dei Genitrix, * Virgo immaculata ; gaude quia gaudium ab Angelo suscepisti ; gaude, quae genuisti aeterni luminis claritatem.

3. Beata Maria, * sublimis Sponsa, quam magnam laudem dignitas tua meretur

4. O vere beata Maria, quae Deum hominibus peperisti, vitam mortalibus edidisti.

5. Ave, stella matutina, * peccatorum medicina, mundi princeps et Regina.

Capitule. Ego quasi vitis fructificavi suavitatem odoris, et flores mei fructus honoris et honestatis.

Hymne. O gloriosa.

Ant. du Benedictus. Oliva fructifera, Mater pietatis, purgans mundi scelera, stella claritatis, per quam cuncta prospera dantur nobis gratis ; nos tandem in aethera transfer cum beatis.

Ant. du Magnificat. Magnifica Christi Mater, Regina clara coelorum, reparatum se laetatur per te coetus Beatorum ; in die tuae festivitatis, confer opem intercessionis, ut per tua suffragia collocemur in gloria. Alleluia.

MESSE

Introït. Salve sancta parens.

Oraison. Comme ci-dessus.

Epître. Ab initio et ante saecula.

Graduel. Benedicta et venerabilis es.

Alleluia. Alleluia. Dulcis Virgo; dulcis Mater; quae sola fuisti digna generare Regem coelorum et Dominum. Alleluia.

Evangile. In illo tempore, Repleta est de Spiritu Sancto Elisabeth, etc. Luc, I, v. 42 à 48. *Missale Tolosan.*

Offertoire. Felix namque es.

Secrète. Tua, Domine.

Communion. Ave, Regina coelorum, Mater Regis Angelorum; o Maria, flos Virginum, velut rosa vel lilium, funde preces ad Filium pro salute fidelium.

Postcommunion. Sumptis, Domine. *Missale Tolosan. Messe votive de la B. V. M.*

Cet office a été composé avec des antiennes et des répons de l'ancien Bréviaire de Toulouse. Il a fallu les choisir au milieu de beaucoup d'autres. Ne nous privons pas de pareilles richesses liturgiques. Le chant de toutes ces pièces existe certainement; mais il faut les chercher avec soin, au lieu d'y appliquer à la hâte le premier chant venu.

Fête des saintes Reliques. — *Double de 2e classe.*

On célèbre cette fête le dimanche dans l'octave de la Toussaint.

OFFICE

Ant. et *Capitule* de laudes.

Hymne. Placare Christe.

℣. Orate pro nobis omnes Sancti Dei. ℟. Ut digni efficiamur promissionibns Christi.

Ant. du Magnificat. Precibus omnium Sanctorum suppliciter petimus, ut a malis omnibus eruamur, bonisque omnibus nunc et semper perfrui mereamur.

Oraison. Auge in nobis, Domine, resurrectionis fidem,

qui in Sanctorum Reliquiis mirâbilia operaris ; et fac nos immortalitatis gloriae participes, cujus in eorum cineribus pignora veneramur. Per.

MATINES.

Invitatoire. Regem regum Dominum venite adoremus ; * Quia ipse est corona Sanctorum omnium.

Hymne. Placare Christe.

1er Nocturne.

Ant. O Crux benedicta, quia in te pependit Redemptor mundi et in te triumphavit Rex Angelorum. *Psaumes de la Toussaint.*

Ant. Regina mundi et Domina, Virgo Maria intercede pro nostra pace et salute, quae genuisti Christum Dominum sine virili semine.

Ant. Ibant Apostoli gaudentes a conspectu concilii, quoniam digni habiti sunt pro nomine Jesu contumeliam pati.

℣. Laetamini Domino et exultate justi. ℟. Et gloriamini omnes recti corde.

Leçons. Justorum animae.

℟. O Crux gloriosa, o Crux veneranda, o Lignum pretiosum et admirabile Signum. * Per quod et diabolus est victus et mundus redemptus. ℣. O Crux admirabilis, evacuatio vulnerum, restitutio sanitatum. * Per quod.

℟. Sicut rosa inter spinas illis addit speciem, sic venustat suam Virgo Maria progeniem. * Germinavit enim florem, qui vitalem dat odorem. ℣. Cujus cunctorum laus promitur ore piorum. * Germinavit.

℟. Cives Apostolorum et domestici Dei advenerunt hodie, * Portantes facem et illuminantes patriam, dare pacem gentibus et liberare populum Domini. ℣. Potestas autem tradita est a Domino Apostolis concivibus, qui Verbi divini semina erogare per omnem terram in Christo coeperunt. * Portantes. Gloria Patri. * Portantes.

2e Nocturne.

Ant. Tu principatum tenes in choro Martyrum, similis

Angelo, et pro te lapidantibus Christum deprecatus es : beate Stephane, intercede pro nobis ad Dominum.

Ant. Laverunt stolas suas et candidas eas fecerunt in sanguine Agni.

Ant. Sacerdotes Dei, benedicite Dominum ; servi Domini, hymnum dicite Deo nostro.

℣. Exultent justi in conspectu Dei. ℟. Et delectentur in laetitia.

Sermo sancti Ambrosii, episcopi. Serm. 77.

Cum Martyres a nobis devotissime percolendi sint; sed specialiter ii venerandi sunt a nobis, quorum Reliquias possidemus. Illi enim nos orationibus adjuvant, isti etiam adjuvant passione. Cum his autem nobis familiaritas est; semper enim nobiscum sunt, nobiscum morantur, hoc est, et in corpore nos viventes custodiunt, et de corpore recedentes excipiunt ; hic ne nos peccatorum labes absumat, hic ne inferni horror invadat. Nam ideo hoc a majoribus provisum est, ut Sanctorum ossibus nostra corpora sociemus, ut dum illos tartarus metuit nos poena non tangat ; dum illos Christus illuminat, a nobis tenebrarum caligo diffugiat.

℟. Ecce jam coram te, Protomartyr Stephane, suppliciter assistentes, te devote precamur, * Ut qui pro te lapidantibus Christum deprecatus es, pro nobis apud ipsum intercedere digneris. ℣. Caritatis gratia repletus, pro persecutoribus orans, Filium hominis ad dexteram Patris stantem videre meruisti ; ideo precamur. * Ut.

Martyres inferni porta non possidet, quoniam eos Paradisi regna suscipiunt. Nam videmus eos utique jam regnare : cernimus enim ab iis frequenter obsessos immundissimis daemonibus homines liberari, ita ut coelesti medicina et captiva anima de diaboli laqueis eruatur, et ipse diabolus vinculis igneis alligatus producatur de sua captivitate captivus, ut qui praedam paulo ante ceperat, ipse subdatur in praedam. Haec et alia potiora mirabilia per sanctos fieri omnibus notum est : et ideo, fratres, veneremur eos in praesenti saeculo, quos defensores habere possumus in futuro. Et sicut eis parentum nostrorum ossibus jungimur, ita eis fieri socios imitatione jungamur.

℟. O constantia Martyrum laudabilis, o charitas inextinguibilis, o patientia invisibilis; quae licet inter pressuras persequentium visa sit despicabilis, * Invenietur in laudem, et gloriam, et honorem, in tempore retributionis. ℣. Nobis ergo petimus piis subveniant meritis, honorificati a Patre, qui est in coelis. * Invenietur.

Sermo in natali sanct. Nazarii. Serm. 93.

Quod si dicas mihi : Quid honoras in carne jam resoluta, atque consummata, de qua jam nulla Deo cura est? Et ubi est illud, charissimi, quod ipsa veritas loquitur per prophetam? Pretiosa, inquit, in conspectu Domini mors Sanctorum ejus. Et iterum : Mihi autem valde honorificati sunt amici tui Deus. Honorare debemus servos Dei, quanto magis amicos Dei? De quibus alio loco dicitur : Dominus custodit omnia ossa eorum et unum ex his non conteretur. Honoro ergo in carne Martyrum acceptas pro Christo nomine cicatrices, honoro viventium memoriam, perennitatem virtutis. Honoro cineres per confessionem Domini consecratos; honoro in cineribus semina aeternitatis. *Propre de Saint-Sernin* (1672).

℟. Justus ut palma florebit, sicut cedrus Libani multiplicabitur. * Plantatus in domo Domini, in atriis domus Dei nostri florebit. ℣. Gloria et divitiae in domo ejus, et justitia ejus manet in saeculum saeculi. * Plantatus. Gloria Patri. * Plantatus.

3e Nocturne.

Ant. Prudentes Virgines, aptate vestras lampades : ecce Sponsus venit, exite obviam ei.

Ant. Omnium Sanctorum chori, laudate Dominum in excelsis.

Ant. In civitate Domini clara sonant jugiter organa Sanctorum, et hymnum novum decantant ante sedem Dei. Alleluia.

℣. Custodit Dominus omnia ossa eorum. ℟. Unum ex his non conteretur.

Homélie de l'Evangile. Descendens Jesus.

℟. Audivi vocem de coelo dicentem : Venite omnes Virgines sapientissimae. * Oleum recondite in vasis vestris, dum Sponsus advenerit. ℣. Media nocte clamor factus est : Ecce Sponsus venit. * Oleum.

℟. Exurge Jerusalem, et sta in excelso et circumspice ad Orientem, * Et vide collectos filios tuos ab oriente sole usque ad occidentem. ℣. Super muros tuos Jerusalem constitui custodes. * Et vide. Gloria Patri. * Et vide.

A LAUDES

Antiennes. 1. Nos autem * gloriari oportet in Cruce Domini nostri Jesu Christi.

2. Confortatus est * principatus eorum et honorati sunt amici tui Deus.

3. Isti sunt sancti, * qui pro testamento Dei sua corpora tradiderunt, et in sanguine Agni laverunt stolas suas.

4. Benedicite Dominum omnes electi ejus : agite dies laetitiae et confitemini illi.

5. Prudentes Virgines, * aptate vestras lampades : ecce Sponsus venit, exite obviam ei.

Capitule. Laudem dicite Deo nostro, omnes servi ejus et qui timetis Deum, pusilli et magni, quoniam regnavit Dominus Deus omnipotens ; gaudeamus et exultemus et demus gloriam Deo.

Hymne. Salutis aeternae.

℣. Exultabunt sancti in gloria. ℟. Laetabuntur in cubilibus suis.

Ant. du Benedictus. Beati estis, Sancti Dei omnes, qui meruistis consortes fieri coelestium virtutum et perfrui claritatis gloria ; ideoque precamur, ut, memores nostri, intercedere dignemini pro nobis ad Dominum Deum nostrum.

Ant. du Magnificat. O quam clarus est sidereus locus paradisi, in quo Sanctorum animae gaudent cum Angelis ; alternis vocibus concrepantes jubilant. Alleluia.

Messe au supplément du Missel romain.

Cet office est tiré du Propre de Saint-Sernin de 1672; mais quelques antiennes ou répons connus ont été remplacés par d'autres antiennes et répons de l'ancien Bréviaire de Toulouse.

3. Saint Papoul, ÉVÊQUE ET MARTYR. — *Double.*

Antienne. O purpurea Martyrum gemma, sancte Papule, Martyr inclyte, esto semper propitius, quaesumus, omni huic tuae familiae.

Oraison. Praesta, quaesumus, omnipotens Deus; ut qui, beati Papuli, Martyris tui atque Pontificis, natalitia colimus, intercessione ejus, in tui nominis amore roboremur.

Légende. Papulus adolescens, urbis Antiochiae Praefecti filius, audita praedicatione beati Petri, Apostolorum principis, in Christum credidit et sancti baptismatis gratiam humiliter postulavit. Annos natus quindecim, ut fert traditio, erat mirae simplicitatis, innocens corde, vultu Angelico, injuriarum immemor et nulli malum pro malo reddens. Igitur relictis parentibus et domo, omnibusque bonis temporalibus, adhaesit sancto Petro, qui mox illum coadjutori suo Saturnino laboris socium obtulit. Cum autem in dies, crescente fidelium numero, Judaeorum rabies incresceret pariter, beatus Petrus, inspirante coelo, Romam profectus est, secum adducens discipulos, inter quos Saturninus et Papulus.

Romae degens, Apostolorum princeps, inde ad omnes imperii provincias mittens Evangelii nuntios, meridionales Galliae partes prope Tolosam assignavit Saturnino, qui secum juvenem Papulum assumpsit. Dum iter agerent et appropinquarent Tolosatum regionem, venerunt Carcassonam, ibique Christum annuntiantes, missi sunt a Ruffino praefecto in carcerem, unde, adjuvante Angelo, evaserunt incolumes. Denique Tolosam attingentes copiosam ibi animarum multitudinem verbis, exemplis et miraculis Christo lucrati sunt. Cum autem sanctissimus Saturninus perrexisset in Hispanias ad Verbum praedicandum, Tolosanum gregem suum commisit sancto Papulo, qui per biennium, velut apis melliflua, sanctis fidei operibus sese impendit, tum in civitate, tum in viciniis.

Mirabilia sancti Papuli videntes aut audientes gentiles, divinae fidei hostes, consilium illius mortis inierunt, miseruntque Capitolii satellites, qui virum Dei gladio interimerent. Cum autem incidissent in illum, captus est intrepidus Evangelii praeco, et manibus ligatus ductus ad supplicium. Videns satellitis gladium, beatus Papulus manus et genua defixit super lapidem, Christo commendavit animam, et gladio percussus, inter duas arbores, martyrii palmam feliciter obtinuit. Caput abscissum, manibus sublatum, paulo longius, Angelo duce, detulit; ibique fons emanavit, qui usque nunc, salutares indesinenter emisit aquas. Sepulchrum Martyris ortum dedit oppidulo ejus nomine insignito. Labentibus saeculis, corpus ejus translatum est Tolosam, in insignem Sancti Saturnini basilicam, ubi religiosisime asservatur.

Ant. du Benedictus. Martyr Dei magnificus, invicti Regis amicus, conscendit coelos, pangimus inde melos; et, quia cum Christo regnat liber ab isto exilio, famulis adsit ubique suis.

Ant. du Magnificat. Ave, Martyr inclite, Amice Dei, Papule; ave miles et senior sanctae coelestis curiae. O flos Graeciae, rosa Ecclesiae, ab immortali Rege veniam nobis obtine.

Messe *Statuit* d'un Martyr Pontife.

Un office complet de saint Papoul est au supplément de l'ancien Bréviaire de Toulouse. La présente légende a été composée avec une ancienne Vie du saint, publiée par M. de Bernoville : *Mélanges concernant l'évêché de Saint-Papoul.* Paris, 1863. Les détails de cette légende sont aussi dans l'ancien Bréviaire de Saint-Papoul.

29. S. Saturnin, 1er ÉV. DE TOULOUSE. — *Double de 1er cl.*

OFFICE

Ant. et *Capitule* de laudes.

Hymne Nunc Saturninum pia turba cantet,
Qui Tolosatum tenuit cathedram,
De gradu summo Capitoliorum
Praecipitatum.

Quem negatorem Jovis et Minervae
Et crucis Christi bona confitentem,
Vinxit ad tauri latus injugati
Plebs furibunda.

Ut per abruptum bove concitato,
Spargeret cursus lacerum cadaver,
Cautibus tinctis calida soluti
Pulte cerebri.

Te Deus clemens, decus et corona
Martyrum, votis humiles precamur,
Hujus ut nobis prece largiaris
Praemia vitae. Amen.

S. Sidoine Apollinaire.

Ant. du Magnificat. Post corporeum Salvatoris adventum, quo ipse exortus est sol justitiae Christus Deus noster; primum et summum Tolosana plebs sanctum Saturninum habere coepit Antistem, Alleluia; qui de sacerdotis dignitate et de honore martyrii geminatam promeruit accipere coronam. Alleluja.

Oraison. Omnipotens sempiterne Deus, qui hunc diem nobis beati Saturnini, Martyris tui atque Pontificis, passione consecrasti; concede propitius : ut cujus martyrii gloriam celebramus in terris, ejus consortes fieri mereamur in coelis. Per Dominum.

A MATINES

Invitatoire. Venite omnes ad adorandum Regem Christum Dominum, * Qui Tolosanae plebi primum dedit praesulem Saturninum Martyrem.

Hymne. Lux mundi Dominus nubila saeculi
Illustrare volens lumine splendido,
Bis senos Proceres constituit sibi,
Mundi qui radii forent.

Ex quorum micuit stemmate nobili
Saturninus, ad hoc dignus opus pium,
Quod semen fidei spargeret accolis,
Tolosae residentibus.

Quae fecunda manens cespite fertili,
Nullius sterilis frugis amabilis
Squallebat populis perfidia feris,
Nec dum fonte nitentibus.

Quos per signa adeo plurima destinat,
A mutis retrahens sculptilibus sacer,
Quo laetam segetem portet ad aream
Christi, semine centuplo.

Virtus Ingenito sit jugiter Patri,
Nato cum proprio, Spiritui quoque,
Qui simplex Deitas veraque Trinitas
Regnat saecla per omnia. Amen.

1er Nocturne.

Ant. Post Salvatoris nostri Domini ad coelos ascensum, in primordiis praedicationis apostolicae, Saturninus Apostoli Petri perfectus extitit discipulus. *Psaumes d'un Martyr.*

Ant. Apostolica jussione Saturninus, vir clarissimus, cum auctoritate pontificali, ad praedicandam veritatem, Oceanicas elegit partes.

Ant. Quo amplius vigebat gentilitatis ferocitas, illuc virtute divina armatus accessit, et ad Tolosam, Christo ducente, pervenit Saturninus.

Leçons. Ecce sacerdos.

℟. Post Domini nostri Salvatoris ad coelos ascensum, Saturninus stemmate Praesulatus a Petro Apostolo decoratus, verbi divini semina sumens, * Tolosanae urbi pecuniam Domini sui coepit erogare egentibus. ℣. Perfuderat ejus intima torrentis eloquii copiosa facundia, omniumque sanctorum virtutum gloriosa constantia. * Tolosanae.

℟. Vir apostolicus Saturninus, summis pollens virtutibus, crucem suam gerens interius, quo acrius frendebat gentilitatis ferocitas, Christo duce, Tolosam est aggressus intrepidus. * Evangelii gratiam praedicans omnibus. ℣. O quam praefulgida fuit dies illa, qua Tolosam ingressus est Apostolorum cohaeres. * Evangelii.

℟. O quam gloriosa est civitas Tolosa, quae tunc temporis orbata sistebat sacrae fidei commerciis ; hanc miles fortissimus sancta praedicatione illuminans * Ibidem Protopraesul radiavit almificus. ℣. Erat enim veri luminis lucerna et radius, exortumque lumen in tenebris horrentibus. * Ibidem. Gloria. * Ibidem.

2e Nocturne.

Ant. Perfuderat Saturnini pectoris arcana torrentis eloquii copiosa facundia, omniumque virtutum gloriosa constantia.

Ant. Erat Saturninus veri luminis lucerna et radius, Tolosanis civibus Evangelii gratiam praedicans.

Ant. Beatissimus Saturninus Pontifex signo sanctae crucis omnes, utraque infirmitate detentos, mente et corpore sanabat, exhibens illis lavacrum sanctae regenerationis.

Légende. Beatissimus Saturninus, Principis Achaiae filius, unus fuit ex septuaginta duobus Christi discipulis, sicut refert antiqua et constans Tolosanorum traditio. Cum Joannes Baptista Dominum in Jordane baptizaret, praesens fuit; Salvatorem fideliter secutus est, sermonum et miraculorum ejus assiduus admirator. Ultimae Coenae, Resurrectionis et Ascensionis testis fuit et cum Apostolis, in die Pentecostes, Spiritu Sancto repletus est. Primum, Saturninus Evangelium in orientalibus regionibus praedicavit ; inde venit Antiochiam ut Petro rationem referret laboris. Mox, Apostolorum principem Romam secutus, ab ipso ordinatus est episcopus et, illius jussu, Galliarum iter aggressus est, cum discipulo suo Papulo, ad annuntiandum Septimaniae populis Evangelium. Tunc primum et summum plebs Tolosana coepit habere Antistitem, et multi ab idolis ad fidem conversi sunt. Plures peragravit provincias : apud Auscos, revelante Domino martyrium sancti Petri, in ejus honorem, ad ripam AEgersii, ecclesiam aedificavit. Elusam perveniens, oratorium Beatae Mariae dicatum fundavit ; progressus ultra montes Pyreneaos, Hispanias visitavit et apud Pampilonem, non solum proceres civitatis, sed etiam quadraginta millia hominum ad Christum convertit et baptizavit; sed, post biennium, ad suos Tolosates revertere statuit.

℟. Praedicante beato Praesule Saturnino, Christiani nominis beata crescebat professio et novellae fidei pullulabat veneranda plantatio. * Et extirpabatur saeva Gentilitatis superstitio. ℣. Opitulantibus eximii Praesulis dulcissimis precibus, cuncta fugabantur incommoda et gravis daemonum deprimebatur incursio. * Et.

Tolosam reversus, novos suscepit labores, verbum praedicationis confirmans miraculis. Cum itaque ipsi beato Pontifici ad ecclesiam tunc temporis parvulam, juxta Capitolium, quod inter domum suam et domum Dei medium erat, creber itus esset ac reditus, sancti viri frequentiam sustinere fallax daemonum turba non potuit. Et, ut erant muta simulacra, profanae superstitionis ministri, rei novitate permoti, coeperunt quaerere unde in numina sua venisset inusitata taciturnitas. Audiunt a quodam sacrae religionis inimico, novam nescio quam surrexisse sectam, quae Christiana appellaretur, et in deorum suorum niteretur excidium; hujus quoque fidei esse Saturninum, cujus ad conspectum deorum suorum ora siluissent. Inter haec, cum magna fuisset hominum multitudo congregata, et parato in victimam tauro, deos suos libatione ingentis hostiae vel reducere cuperent vel propitiare, beatissimum Saturninum unus ex illa malignantium turba agnoscit et dicit : En ipsum adversarium cultibus nostris, qui deos nostros daemonum appellatione condemnat; nostram deorumque nostrorum pariter vindicemus injuriam, quos jam nunc aut sacrificando placet, aut moriendo laetificet.

℟. O vere sanctum Praesulem, cujus lacrymis et precibus ab inferno tantus est ad Deum revocatus populus; qui et Christi jugo subditus, * Et idolorum effectus est devastator egregius. ℣. Percepto itaque lavacro regenerationis, testis existere meruit sanctae Trinitatis. * Et.

Sub hujus vocis impulsu, omnis turba insanientis populi sanctum virum circumdat, et presbytero uno et duobus diaconibus per fugam lapsis, ad Capitolium solus trahitur; et cum immolare daemonibus cogeretur, clara voce testatur : Unum et verum Deum novi ; huic laudis hostias immolo ; deos vero vestros daemones scio, quos incassum non tam pecudum caedibus quam animarum vestrarum mortibus honoratis. Quomodo autem vultis ut eos timeam, a quibus, ut audio, dicitis me timeri? Ad hanc sancti Antistitis vocem, excandescens impia turba, tauro illo, qui ad victimam erat praeparatus, ad ministerium suae crudelitatis utuntur. Postrema enim funis parte, quae ad posteriora tauri defluebat, sancti viri pedes alligant, actumque stimulis acrioribus taurum e superiori Capitolii parte in plana praecipitant, ac per ipsius Capitolii gradus lapideos, capite colliso, cerebro excusso, ac toto corpore lacerato, sanctam animam Christus accepit. Exanime vero corpus usque ad eum locum perductum est, ubi, fune disrupto, tumultuariam eo tempore meruit sepulturam. Paucis tunc Christianis, propter furorem gentilium, gloriosissimi Martyris corpus digno cultu tumulare metuentibus, mansit aliquamdiu sub vili cespite, hominibus quidem inhonoratum sed Deo pretiosum atque Angelis. Unde tamen, crescente postmodum fidelium devotione, translatum, nunc concurrentium undique populorum votis colitur in honorem Domini nostri, cui est honor et potestas in saecula saeculorum. Amen.

℟. O quam veneranda immensi Regis pietas, quae Saturnini Praesulis obtentu perfidos sacro beavit spiritu : * Ut relicto idolorum cultu, in Deum vivum crederent per saecula regnantem. ℣. Qui infideles et deceptores effecti sunt creduli et nominis Christi confessores. * Ut, Gloria Patri. * Ut.

3e Nocturne.

Ant. Opitulantibus eximii Praesulis dulcissimis precibus, cuncta fugabantur incommoda ; et omnibus ad sanctam fidem occurrentibus, copiosa accrescebat benedictio.

Ant. Quanto amplius Saturnini precibus novellae fidei pullulabat veneranda plantatio, tanto radicitus extirpabatur saeva gentilitatis superstitio.

Ant. O quam praefulgida fuit dies illa, qua Tolosam ingressus est Apostolorum cohaeres, Saturninus, electus

Dei Pontifex, cujus in habitaculis discordiae intraverunt pedes beati perpetuam pacem ferentes.

Homélie de l'Evangile Designavit.

℟. Orante beatissimo Martyre, apparuit ei Angelus Domini dicens : O miles fortissime, o sacer egregie, viriliter age, quia pro duplicato talenti munere, * Tibi geminata sunt diademata praeparata. ℣. De vernante et pretioso lapide immarcessibilis corona, et de sacerdotali infula stola luciflua. * Tibi.

℟. Sanctissimo Martyre Saturnino ad taurum funibus ligato, e cacumine Capitolii, per gradus praecipitato, capite colliso, cerebroque excusso, * Dignam Deo animam Christus accepit. ℣. Exanime vero corpus usque ad eum locum, tauro furente, perductum est, ubi fune disrupto tumultuariam eo tempore sepulturam promeruit. *Dignam. Gloria Patri. * Dignam.

A LAUDES.

Antiennes. 1. Saturninus Martyr, * cupiens se nectere Christo, carnali in habitu noluit esse diu.

2. Cumque sacerdotio * fungeretur in urbe Tolosa et populis Christum panderet esse Deum, ostendit verbis, addens miracula factis.

3. Plebs, caecata * nimis et mortis infecta venenis, comprehendit malesana virum et ad Capitolia duxit.

4. Turba sacerdotum, contra illum noxia bella movens, subligat indomiti Sanctum ad vestigia tauri.

5. Taurus impatiens, * mox per curva invia raptus, passim membra pii fudit in urbe viri; tum mulier collegit ovans et condidit artus. Alleluia.

Capitule. Beatus vir, qui in sapientia morabitur, et qui in justitia meditabitur et in sensu cogitabit circumspectionem Dei.

Hymne. Tunc plebs saeva neci tradere praeparat,
Tauro membra ligans funibus arctius,
Quem mox instimulat praecipitem dari,
Arcem per Capitolii.

Quo casu laceris decidit artubus,
Excusso cerebro tramite confrago,
Christus tunc animam suscipiens fovet,
Condignam diademate.

Cujus nos precibus, Rex pie, protege,
Peccatis vacuans accumulans bonis,
Quo justis socii coelica gaudia,
Captemus sine limite.

Virtus Ingenito sit jugiter Patri,
Nato cum proprio, Spiritui quoque,
Qui simplex Deitas veraque Trinitas,
Regnat saecla per omnia. Amen.

℣. Sancte Saturnine, Martyr Domini preciose. ℟. Adesto nostris precibus pius et propitius.

Ant. du Benedictus. Benedicti viri corpus, ligneo immissum feretro, a religiosis mulieribus ita conditum est, ut non tam sepeliri quam abscondi videretur.

A VÊPRES

Hymne des premières vêpres.

℣. Ora pro nobis, beate Saturnine. ℟. Ut digni efficiamur promissionibus Christi.

Ant. du Magnificat. O fortis Athleta, Saturnine Pontifex, qui pro nefanda Capitolii victima tauri, meruisti effici hostia Christi : te precamur sancte, ut pro nobis apud ipsum intercedas, qui te digne pro meritis pretioso coronavit martyrio.

MESSE

Introït, Gaudeamus omnes in Domino, diem festum celebrantes sub honore beati Saturnini, Martyris, de cujus passionne gaudent Angeli et collaudant Filium Dei. ℣. Gaudent Angeli atque laetantur Archangeli, exultant justi et congratulantur omnes sancti. Gloria.

Oraison. Comme ci-dessus.

Epître. Beatus vir, qui in sapientia morabitur, et qui in justitia meditabitur, et in sensu cogitabit circumspectionem Dei. Cibavit illum pane vitae et intellectus et aqua sapientiae salutaris potavit illum. Et firmabitur in illo et non flectetur, et continebit illum, et non confundetur, et exaltabit illum apud proximos suos. Et nomine aeterno haereditabit illum Dominus Deus noster.

Graduel. Posuisti, Domine.

Alleluia. Alleluia. Saturninus, Pontifex magnus, precibus sanctis obtineat ut cum ipso laudemus Regem in aeternum. Alleluia. *Ancien manuscrit.*

Evangile. Designavit.

Offertoire. Posuisti, Domine.

Secrète. Munera tibi, Domine, oblata sanctifica; et, intercedente beato Saturnino, Martyre tuo atque Pontifice, per haec nos a peccatorum nostrorum maculis emunda.

Communion. Qui vult venire post me.

Postcommunion. Sanctificet nos, Domine, quaesumus, tui perceptio sacramenti; et, intercedente beato Saturnino, Martyre tuo atque Pontifice, tibi reddat acceptos. Per Dominum. *Missale Tolosanum.*

Cet office est très-ancien; quelques antiennes en vers sont de Venance Fortunat, et les hymnes de Sidoine Apollinaire. Il a été en usage pendant de très-longs siècles à Toulouse, à Narbonne et ailleurs. Il est temps que Toulouse abandonne le parisien pour revenir à ses traditions domestiques, qui sont sa vraie gloire. On peut, il est vrai, corriger et adoucir quelques phrases, comme cela s'est toujours fait; mais la suppression en masse a été une faute.

La légende contient deux parties. Dans la première leçon se trouve la tradition toulousaine, et dans les deux dernières, les Actes du saint ou son martyre.

La date du premier siècle est dans la liturgie de Toulouse. Une Eglise doit affirmer ses traditions, surtout quand elles viennent de loin. La tradition liturgique est la première et la meilleure; les plus anciens évêques ont connu la vérité et ils l'ont maintenue dans les saints offices. On peut voir Daydé, dans son *Histoire de Saint-Sernin* (Tolose, 1661). Il cite avant tout les vieux Bréviaires. D'ailleurs, l'évangélisation des Gaules, au premier siècle, est une cause gagnée. Il faut donc abandonner, sans la moindre crainte, la version de Dom Ruinart, dans ses *Acta sincera.* On dirait que M. Arbellot vient tout exprès, cette année, nous donner contre Dom Ruinart tout ce qu'on peut dire de plus convaincant. Voyez son *Etude sur les origines chrétiennes de la Gaule* (Paris, 1880), 1re partie, pages 6 à 12.

Dans les deux autres leçons, je donne les Actes primitifs, édités tout récemment par M. Arbellot, et qui, au dire de ce savant, ont probablement saint Exupère pour auteur. Il a fallu faire seulement quelques légères abréviations.

DÉCEMBRE

1. Saint Frajou, MARTYR. — *Double ou semi-double*

Ant. aux deux vêpres. Martyr sanctissime, juvenum honor et patriae decus, preces pro nobis Regi regum offerre digneris.

Oraison. Deus, qui beatum Fragulphum, Martyrem tuum, virtute constantiae in passione roborasti : quaesumus ; ut qui ejus festa colimus, ipsius meritis et intercessione, ab omnibus malis eruamur. Per.

Légende. Saraceni, cum Hispaniam fere totam diro suo subjecissent imperio, per ducentorum annorum spatium, Galliam meridionalem iteratis incursionibus invaserunt, Christi delentes ubique nomen et fideles suis alligare falsis ritibus omni modo tentantes. Hinc factum est, ut Christiani multi, hinc et inde, nostris in partibus, gloriosam martyrii palmam meruerint obtinere.

Illos inter athletas Christi eminet sanctus Fragulphus, non longe natus a loco sui martyrii. Adolescens erat vix annorum viginti, non minus religione conspicuus quam corporis viribus et animi fortitudine. Totius ergo regionis desolationem indignatus, cum electa aetatis sociorum caterva, primus, vexillum Crucis prae se ferens, contra inimicos Christi et patriae cucurrit.

Inito certamine, ex utraque parte pugnatur acriter; sed brevi pauciores multo pluribus cedere debent. Fragulphus ipse, cum mirabili certasset robore, captus est ab hostibus, qui vitam ei, si Christo renuntiasset, polliciti sunt. At in Domino fortis, adolescens maluit animam quam fidem amittere. Itaque ab irato Musulmanorum duce truncatus capite cecidit; cum autem recessissent barbari, sanctus Fragulphus surgens e terra et assumptum prae se ferens caput, illud non longe deposuit super lapidem, juxta quem tunc exilivit fons, adhuc manans, cujus aqua aegri multi sanati fuerunt et etiam nunc sanantur. Mox ob gloriam miraculorum ecclesia super Martyris tumulum aedificata est et domus adstructa, quae initium dederunt vicolo, qui Sancti Fragulphi nomine gloriatur.

Messe *In virtute tua.*

Nous connaissons une hymne et une autre oraison de saint Frajou ou Fragulphe; car on faisait son office dans le diocèse et dans l'abbaye de Saint-Frajou. Cette abbaye, dit le *Gallia Christiana,* était la plus ancienne de ce pays. La relique de ce saint est une des plus importantes, car le corps y est à peu près tout entier; elle a été reconnue bien souvent, et le 16 septembre 1877, on en fit une translation très-solennelle. La légende a été composée avec la notice, que je publiai à cette époque : *Saint Frajou, martyr en Gascogne* (Toulouse, 1877).

Une mémoire ne suffit pas pour ce saint, qui n'est honoré qu'ici. Peyronet, dans son *Catalogue des Saints*, l'a confondu avec saint Frédulphe, honoré à Saintes, le 5 août.

Sa légende nous dit que le saint porta sa tête dans ses mains. Ce détail arrive souvent, dira-t-on. Il faut répondre que c'est la tradition, et il n'est pas possible de la changer, ni de la supprimer.

Hymne.

Deus tuorum militum
Sors et corona, praemium;
A labe purga criminum
Tuos canentes Martyres.

Fragulphus Arabum minas,
Saevasque deridens cruces,
Fortis cucurrit ad necem,
Tibi profundens sanguinem.

Cruore sparsit patriam
Suoque scribit nomine,
Patronus advigilat bonus
Cognominis urbis civibus.

O Martyr, ora civibus;
Christi sequantur Spiritum,

Ejusque inhaerentes cruci,
Mundum terant et daemonem.
Praesta, Pater piissime, etc.

Oraison. Deus, qui Convenarum Ecclesiam beati Fragulphi martyrio illustrasti; concede nobis famulis tuis, ejus exemplo ita te diligere, mundi illecebras calcare et carnis concupiscentias domare, ut spiritus et carnis martyrii palmam consequamur. Per. *Anciens manuscrits.*

10. Translatio Almae Domus B. M. V. — *Double-majeur.*

Au supplément du Bréviaire romain. Ce bel office est récité dans beaucoup de diocèses.

17. Saint Lazare, ÉVÊQUE ET MARTYR. — *Double.*

Antienne. — Lazarus amicus noster dormit : eamus et a somno excitemus eum.

Oraison. Deus, qui per unigenitum Filium tuum beatum Martyrem et Pontificem tuum, Lazarum, quatriduanum mortuum ressuscitasti de monumento ; ejus precibus erige nos propitius de tumulis vitiorum, ut mereamur adipisci consortium electorum tuorum. Per eumdem. *Breviar. Tolosan.*

Au supplément du Bréviaire romain, saint Lazare n'a pas de légende et il est honoré comme pontife. Dans l'ancien Bréviaire toulousain, il est honoré comme martyr, et, ce qui arrive souvent, sa légende n'est pas terminée. On peut voir, pour cette légende, les Própres d'Aix et de Marseille.

18. Expectatio Partus B. M. V. — *Double-majeur.*

Au supplément du Bréviaire romain. Cet office est dans quelques anciens Propres de Toulouse.

*

22. Saint Honorat, ÉVÊQUE DE TOULOUSE. — *Double.*

Oraison. Deus, qui beatum Honoratum Pontificem, aeternae gloriae concessisti fieri participem; concede nobis, ipso intercedente, aditum regni coelestis; cujus ad bene vivendum informamur exemplis. Per.

Légende. Honoratus, secundus Tolosae Episcopus, natione Cantaber, a beato Saturnino baptizatus, cum Pampilonem urbem Cantabrorum praecipuam, docendi verbi Dei gratia profectus esset, tantos in Christianae vitae instituto fecit progressus, ut sancto Saturnino de medio sublato, ejus Pontificalis dignitatis honore sit donatus. Cujus vitam moribus expressit, et cum beato Honesto Nemausensi, quem sanctus Saturninus in itinere sibi socium et laborum participem assumpserat, omnia Orientis pia loca visitavit.

Cum autem Honoratus Tolosae optimi Pastoris partes obiret, Honestus, quem Saturninus Presbyterum regendae Pampilonensi Ecclesiae instituerat, ad ipsum mittit Firminum, quem tanquam popularem suum Pampilonenses eximie colunt, Christianae vitae praeceptis, moribusque piis instituendum. Tanto magistro dignus discipulus evasit; probataque industria, ab Honorato initiatur sacris Ordinibus, et varias in partes Galliae legatur : quas omnes celesti evangelii face feliciter collustravit : traditurque fundasse Ecclesiam Ambianensem, et eam primus Episcopali potestate obtinuisse.

Honoratus tandem quamplurimis rerum bene gestarum meritis illustris, vitam hanc mortalem cum aeterna commutavit Tolosae, ubi conditus jacet. Nam cum excitata esset aedes sacra sancto Saturnino, in eam corpus ejus delatum, et in eadem postmodum inventum, juxta gradus per quos ad sancti Saturnini monumentum est ascensus, in lapideo tumulo fuit collocatum; praeter caput, quod argentea theca conclusum, in eadem aede visitur et honoratur.

Messe. Sacerdotes. *Evangile.* Homo quidam.

La légende de saint Honorat est partout la même, dans les anciens Propres de Toulouse, dans ceux de Saint-Sernin et dans le Propre actuel.

Les Bréviaires anciens mettent saint Honorat au 22 décembre, ainsi que le Martyrologe de Ferrari. Plus tard, on le plaça au 16; le Bréviaire gallican le mit au 14, je ne sais pas pourquoi. Il faut le rétablir à son jour.

Nota. Chaque diocèse doit avoir son Propre particulier pour l'annonce des fêtes au Martyrologe, qu'on met ordinairement à la fin du *Proprium Sanctorum*.

Tels sont les nombreux matériaux que j'ai cru devoir reproduire en faveur de notre Propre diocésain. Il m'était impossible, sans cela, de donner une idée de la liturgie Romaine-Française, et en particulier de la liturgie Toulousaine au moyen âge. Ces vieux offices sont la meilleure gloire d'une église; la nôtre peut être fière de ses richesses. Quelques diocèses se contentent d'une légende prise dans un Propre approuvé, en prenant le reste de l'office au Commun des saints; cela est commode sans doute pour le rédacteur, mais une grande église comme Toulouse ne peut pas faire ainsi bon marché de son passé, de ses traditions et de son histoire. Si aujourd'hui on passe par-dessus, on reviendra demain; c'est une voie où il faudra entrer tôt ou tard, comme on l'a déjà fait à Paris et ailleurs.

A la place de nos pauvres légendes, je propose d'autres récits, qui donnent la vraie tradition locale, avec le parfum qu'elle exhale. On sait que le latin du moyen âge ne ressemble pas toujours au latin classique; il ne faut pas s'en offusquer outre mesure.

Il m'a fallu entrer dans des détails et des explications très-utiles et que j'aurais voulu multiplier, car cette importante question des offices devrait être suffisamment éclaircie (1).

Espérons que bientôt les voûtes de Saint-Sernin répèteront les

(1) J'ai évité de mettre en tête des légendes les indications, qu'on trouve dans plusieurs Propres, relatives aux sources où l'on a puisé. Ce n'est pas là leur place, mais plutôt dans une Notice explicative ou dans un Mandement épiscopal.

Dans quelques Propres, on n'a pas tenu assez compte du natalice des saints; c'est un vrai désordre, qu'il faut éviter. Souvent ce désordre vient de ce qu'on charge le Calendrier de trop de fêtes, et on ne sait trop où les placer. Il vaut bien mieux en laisser quelques-unes et garder au Calendrier son ordre et sa physionomie.

échos de l'antienne *O fortis athleta, Saturnine Pontifex*, accents bien connus durant de longs siècles, et aujourd'hui oubliés. Les vieux murs de Saint-Etienne entendront encore l'antienne : *Tu principatum tenes in choro Martyrum, similis Angelo*. Nos vieilles églises tressailliront en retrouvant ces vieux cantiques, qu'elles n'auraient jamais dû abandonner. C'est le meilleur vœu qu'on puisse faire, et le meilleur exemple à donner.

Nazareth, ce 17 octobre 1880 ; en la fête des saintes Puelles.

ERRATA

Page 25, ligne 8 de la note, *au lieu* de concevable, *lisez* convenable.
Page 27, ligne 23, — de Rieux, — de Lavaur.
Page 34, ligne 17, — le premier, — le second.
Page 72, dernière ligne, ajoutez : Messe *Statuit*.
Page 90, ligne 11, — tribulationis, — retributionis.
Page 145, à l'*Invitatoire*, effacez le second Dominum.
Page 152, mettre le titre : **NOVEMBRE.**

Toulouse. — Impr. Hébrail & Delpuech, rue de la Pomme, 5.

En préparation

LE

LÉGENDAIRE

TOULOUSAIN

Par le R. P. CARLES

Prêtre du Sacré-Cœur.

Un volume in-12 de 500 pages.

Le *Légendaire* est le livre du foyer; il conserve dans la famille les traditions pieuses et patriotiques; il raconte les actions des saints, rappelle les souvenirs les plus édifiants et fortifie ainsi la foi dans les âmes.

L'auteur se propose de publier toutes les légendes des chapelles de Notre-Dame, des saints diocésains et des autres saints honorés dans le pays, mais qu'on ne trouve pas ordinairement dans les *Vies des Saints* les plus répandues.

Chaque légende sera suivie de notes historiques ou explicatives. Quelques-unes de ces notes plus importantes donneront la chronique des cités, des petites villes ou des grands monastères, mais seulement au point de vue des églises, des saints et de leur culte.

Les dévotions locales, les pèlerinages, les pratiques de la piété populaire seront mentionnées et expliquées dans ce volume. La question des reliques y sera traitée avec le plus grand soin. Le lecteur y trouvera une courte description des belles églises de notre contrée et un mot sur tous les monuments qui rappellent un souvenir chrétien : les petites chapelles, les madones, les fontaines sacrées, etc.

L'auteur recevra avec reconnaissance toutes les communications qu'on voudra lui faire. Il suffit de les lui adresser à Toulouse, rue Nazareth, 23.

Toulouse. — Imprimerie Hébrail et Delpuech.

www.ingramcontent.com/pod-product-compliance
Ingram Content Group UK Ltd.
Pitfield, Milton Keynes, MK11 3LW, UK
UKHW021121220726
13924UKWH00004B/1846

9 782019 952624